Edith Gätjen

Lotta lernt essen

Edith Gätjen ist Ökotrophologin, systemische Paar- und Familientherapeutin und u.a. tätig beim Verband für Unabhängige Gesundheitsberatung (UGB). Sie arbeitet dort u. a. als Dozentin im Bereich Säuglings- und Kinderernährung und bildet ErnährungsberaterInnen aus. Außerdem ist sie Lehrbeauftragte an der Hochschule für Gesundheit Bochum. Sie ist Mutter von vier Kindern und Lottas Großmutter. Die Autorin lebt in Köln.

Für Lotta. Danke – Bram, Lennart, Justus, Frieder und Philine.

Liebe Pauline (Katrin), lieber Lennart (Christian), ich danke Euch für Lotta! Liebe Lotta, Deine Ankunft war Überraschung pur, Dein Auftritt ist wahrer Genuss!

Edith Gätjen

Lotta lernt essen

Stillen, Milch und Babybreie

TRIAS

Liebe Leserinnen, liebe Leser,

mit diesem Buch möchte ich Ihnen Orientierung geben hin zu einer individuellen Ernährung Ihres Kindes – und diese beginnt schon im Mutterleib …! So läuft die kleine Lotta von Anfang an durch dieses Buch und entdeckt spielerisch ihren eigenen Essensstil. Daher verstehe ich „Lotta lernt essen" mehr als einen Leitfaden oder ein persönliches Lösungsbuch, weniger als einen Ratgeber im engeren Sinne, denn Sie kennen sich, Ihr Kind und Ihre Bedürfnisse am besten. Vertrauen Sie sich und Ihrem Kind!

Da mir das individuelle Essverhalten eines jeden Menschen sehr wichtig ist, lege ich in der Beratung primär den Fokus darauf, Menschen zu beraten, weniger auf die offiziellen Empfehlungen, die dennoch die Grundlage sind. Es sind die aktuellen Empfehlungen von „Gesund ins Leben – Netzwerk Junge Familie", herausgegeben vom AID, gefördert vom Bundesministerium für Ernährung und Landwirtschaft (BMEL).

30 Jahre Erfahrung in der Elternarbeit und die persönliche Erfahrung mit 4 Kindern und der Enkeltochter Lotta sowie Erkenntnisse der Entwicklungsphysiologie und -psychologie bei Säuglingen sowie eine Ausbildung zur systemischen Paar- und Familientherapeutin und psychologischen Beraterin haben sowohl meinen Horizont erweitert als auch mich motiviert, Lösungsmöglichkeiten für das wahre Leben zu suchen und zu finden, die die Ernährungslehre allein nicht bieten kann.

Köln, im Frühjahr 2017
Edith Gätjen

Alles für einen guten Start

In Schwangerschaft und Stillzeit beeinflussen Sie mit Ihrer Lebensmittelauswahl das Essverhalten Ihres Kindes.

Die Ernährung in der Schwangerschaft

Ein neuer Lebensabschnitt beginnt! Machen Sie das Beste daraus, genießen Sie die Zeit und freuen Sie sich auf Ihr Kind!

Die Gelegenheit ist günstig, der Zeitpunkt perfekt, um alte Gewohnheiten durch neue zu ersetzen – zu Ihrem Wohl und zum Wohl Ihres Kindes! Sie werden feststellen, dass Sie nicht allein sind, die Umgebung nimmt rege teil und wird Sie mit zahlreichen gut gemeinten „Ratschlägen" versorgen, die aber hinterfragt werden können.

Sie hören zum Beispiel: „Die Gesundheit des Kindes liegt in Ihren Händen", „Das Kind holt sich das, was es braucht", „Jedes Kind kostet einen Zahn und einen Zopf" oder „Du musst jetzt für zwei essen". Dies ist sicher nur eine kleine Auswahl – es gibt noch jede Menge mehr und aus der Erfahrung heraus kann ich Ihnen versichern, dass, wenn das Kind erst einmal geboren ist, der Strom der „Ratschläge" nicht abreißen wird. Hinterfragen, annehmen oder ignorieren?

Gesundheit für Sie und Ihr Kind

Das, was Sie jetzt essen und trinken, geben Sie an Ihr Kind weiter. Dabei gibt es Dinge, die das Wachstum und die Gesundheit Ihres Kindes fördern (Gemüse, Obst, Vollkornprodukte, Omega-3-Fettsäuren), und andere, wie z. B. Genussmittel (Alkohol, Nikotin, Koffein …), die das gute Gedeihen behindern können. Auf das Maß kommt es an.

„Die Gesundheit des Kindes liegt in Ihren Händen."

Aber: Die Gesundheit Ihres Kindes hängt von Ihrer eigenen Gesundheit ab. Das, was normalerweise nur für Sie ungesund ist, z. B. Alkohol- oder Nikotingenuss, schadet nun auch Ihrem ungeborenen Kind. Ihr Kind ist weder in der Lage, schädigende Stoffe oder ungesunde Nahrungsmittel in gute zu verwandeln, noch kann es sagen „Das mag ich nicht!" oder „Es bekommt mir nicht!". Ihr Kind isst und trinkt, was Sie essen und trinken.

„Gut ernährt durch die Schwangerschaft" heißt für Sie, nicht nur Verantwortung für den eigenen Körper zu übernehmen, sondern auch Verantwortung für Ihr Kind – nicht nur bis zur Geburt, sondern für sein ganzes Leben. Bereits im Mutterleib beginnt die Programmierung des Stoffwechsels. Hier werden schon die Weichen gestellt für das mögliche Auftreten von Zuckerkrankheit (Diabetes), Übergewicht (Adipositas) und Herz-Kreislauf-Erkrankungen. Darüber hinaus beginnt bereits im Mutterleib die Entwicklung des kindlichen Geschmacksinns. Denn das, was die schwangere Frau genießt und schmeckt, schmeckt das Kind über das Trinken des Fruchtwassers ebenfalls. Je ausgewogener und vielseitiger sich also die Mutter ernährt, umso differenzierter entwickelt sich auch der Geschmacksinn des Kindes. Seien Sie sich an dieser Stelle schon bewusst, dass Sie schon während der Schwangerschaft Ihr Kind an die Familienkost gewöhnen können. Dies kann in jedem Fall der Beginn einer schönen und genussvollen Essgeschichte werden.

„Das Kind holt sich das, was es braucht."

Aber: Wo nichts ist, kann es sich auch nichts holen … Ihr Kind kann sich eben nur die Nährstoffe holen, mit denen Sie ausreichend versorgt sind oder die Sie in genügendem Maße gespeichert haben. Haben Sie einen Mangel an einem be-

Nährstoffdichte

Die Nährstoffdichte setzt den Gehalt an wertvollen Nährstoffen mit dem Energiegehalt eines Lebensmittels ins Verhältnis. Erlauben Sie mir einen gewagten Vergleich zur Erklärung des Begriffs „Nährstoffdichte". Würden Sie Ihren täglichen Eisenbedarf mit handelsüblicher Nuss-Nougat-Creme decken, laut Werbung 680 g „purer Genuss", so würden Sie Ihren Tagesenergiebedarf um mehr als die Hälfte überschreiten. Decken Sie Ihren Eisenbedarf hingegen über mageres Rindfleisch, nehmen Sie etwa ⅓ Ihrer benötigten Tagesenergie auf. Die Nährstoffdichte in Bezug auf Eisen ist in Nuss-Nugat-Creme gering, im Rindfleisch aber sehr hoch. Ähnlich ist es bei Obst und Gemüse, sie gehören mit ihrem geringen Energiegehalt und ihrem hohen Nährstoffgehalt zu den Lebensmitteln mit einer hohen Nährstoffdichte.

stimmten Nährstoff, so wird das Kind in Ihrem Bauch mit diesem Nährstoff auch nicht ausreichend versorgt werden.

„Jedes Kind kostet einen Zahn und einen Zopf."

Aber: Das muss nicht sein! Diese Aussage kann aber zutreffen. Als Mutter werden Sie merken, dass Ihr Kind während der Schwangerschaft, der Stillzeit – eigentlich ein Leben lang – immer Priorität haben wird! Und das gilt vom ersten Moment an. Am Beispiel des Kalziums ist das leicht zu verstehen. Auch wenn die Frau während der Schwangerschaft nicht ausreichend mit Kalzium versorgt ist, ist die Kalziumversorgung des Kindes dennoch gesichert. Es ist in der Lage, das bei der Frau z. B. in den Knochen und Zähnen gespeicherte Kalzium zu mobilisieren und für sich zu nutzen. Seien Sie es sich selbst wert und genießen Sie eine ausgewogene Ernährung in der Schwangerschaft und auch später in der Stillzeit.

„Du musst jetzt für zwei essen."

Aber: Klasse statt Masse! Das stimmt. Nehmen Sie sich vor, während der Schwangerschaft (und der Stillzeit), doppelt so gut zu essen, aber nicht doppelt so viel. Eine gute

Ernährung in der Schwangerschaft bedeutet, möglichst viele Vitamine und Mineralstoffe aufzunehmen und eher weniger Energie. Als Grundregel können Sie sich merken: doppelt so viel Obst und Gemüse und halb so viel Schokolade. Der zusätzliche Energiebedarf in der Schwangerschaft ist nicht annähernd so hoch, wie oftmals gedacht. Wie viel zusätzliche Energie benötigen Sie denn nun und wofür? Vom ersten Tag der Schwangerschaft bis zur Geburt werden nur etwa 250 kcal/Tag zusätzlich benötigt, und zwar

- für die Neubildung von Gewebe (z. B. Aufbau von Brustgewebe, Plazenta, kindliches Gewebe),
- für den Erhalt dieses neu gebildeten Gewebes,
- für Energie, die in Fettdepots gespeichert wird, und
- als Energiereserve in der Stillzeit.

Wie viel sind eigentlich 250 kcal?

- 1 Scheibe Vollkornbrot +
  1 TL Butter +
  15 g Käse **oder**
- 150 g Joghurt +
  2 EL Haferflocken +
  1 EL Sonnenblumenkerne +
  1 Apfelsine **oder**
- 50 g Butterkekse **oder**
- 2 kleine Kugeln Schokoladeneis

Die Schwangerschaft ist kein Freibrief für eine unbegrenzte Nahrungsaufnahme. Ein zu hohes Gewicht am Ende der Schwangerschaft (in Bezug auf das Ausgangsgewicht) kann dazu führen, dass Ihre Beweglichkeit in den letzten Monaten vor der Geburt verringert ist, dass ein Schwangerschaftsdiabetes mit einem damit verbundenen Risiko für Diabetes für Sie und Ihr Kind auftreten kann und dass die Geburt erschwert ist.

So viel dürfen Sie zunehmen

Gewicht	BMI	Empfohlene Gesamtgewichtszunahme	Zunahme pro Monat
untergewichtig	< 18,5	12,5–18 kg	2,3 kg
normalgewichtig	18,5–25	11,5–16 kg	1,8 kg
übergewichtig	25–30	7–11,5 kg	1,2 kg
stark übergewichtig	> 30	ca. 6 kg	ca. 0,8 kg

Katrin ist schwanger – und merkt es auch …

Katrins Freude auf der einen Seite – Hormone, die für die kleinen Launen des Körpers verantwortlich sind, auf der anderen Seite.

Nach dem ersten Gespräch mit ihrer Hebamme wird Katrin klar, was noch so alles auf sie zukommen könnte. Die Übelkeit zu Beginn der Schwangerschaft hat sie zum Glück schon überstanden.

Katrin ist speiübel Liegt es an der allgemeinen körperlichen und seelischen Umstellung? Isst Katrin zu wenig oder zu unregelmäßig?

Gut ist, dass Katrins Übelkeit nach drei Monaten vorbei ist, aber vorher hat sie sie gut im Griff gehabt, indem sie regelmäßig und ausreichend getrunken und gegessen hat. Auch jetzt noch isst sie vor dem Einschlafen einen Joghurt und legt sich eine Banane oder einen Vollkornzwieback auf den Nachttisch, um schon vor dem Aufstehen noch liegend etwas zu essen. Lotta nimmt keine Rücksicht auf Katrins Nachtruhe, sie „isst" die ganze Nacht ununterbrochen.
Je länger bei Katrin die Pause zwischen Abendessen und Frühstück ist, umso niedriger ist ihr Blutzuckerspiegel am Morgen, der dann für das schummrige Gefühl im Magen verantwortlich ist. Tagsüber erleichtert sie sich das Leben, indem sie immer wieder eine Tasse Fencheltee trinkt, ein Kaugummi nimmt, auf einem Stück Ingwer oder auf einer Haselnuss kaut.

Katrin kann nicht schlafen … Ist es die Aufregung oder nur der dicke Bauch?

Der dicke Bauch ist sicherlich im Weg, aber altbewährte Hausmittel wie ein Glas warme Milch, Melissen- oder Baldriantee, ein schöner Spaziergang oder ein Entspannungsbad vor dem Schlafengehen helfen, den Bauch zeitweise zu vergessen. Mit einem Kissen zwischen den Knien kann Katrin auch einmal auf der Seite einschlafen.

Katrin hat Sodbrennen … Hat das Essen einen Einfluss? Oder sind es wieder die Hormone? Oder drückt Lotta auf den Magen? Katrin versucht, fettes, süßes und stark gewürztes Essen zu meiden. Kleine und regelmäßige Mahlzeiten tun ihr und ihrem Magen gut. Leinsamensud (2 EL Leinsamen mit 250 ml Wasser 10 Minuten köcheln lassen, abseihen) trinkt sie vor jeder Mahlzeit, das ist gut für ihre Magenschleimhaut. Sie weiß aber auch, dass das Hormon, das ihre Gebärmutter während der Schwangerschaft ruhig stellt, Auswirkungen auf ihre Speiseröhre und den Mageneingang hat. Wenn Lotta dann immer größer wird und sich im Bauch Platz verschafft, drückt sie natürlich auch auf den Magen. Nach dem Essen ein kleiner Spaziergang und ein Mittagsschlaf danach in halbsitzender Position tun den beiden gut.

Katrin hat Blähungen. Isst Katrin zu gesund? Hat sie auf der Arbeit keine Zeit, in Ruhe zu essen? Katrin hat ihre Ernährung sofort umgestellt. Vorher hat sie nicht annähernd so viel Obst, Gemüse und Vollkornprodukte gegessen. Die schmecken ihr jetzt sehr gut, aber ihr Darm hat manchmal Probleme damit. Sie hat auch festgestellt, dass es ihr am Nachmittag besser geht, wenn sie zum Frühstück ihr Vollkornbrot mit Käse oder vegetarischem Aufstrich isst. Zucker und Vollkorn sind wohl keine gute Kombination. Seitdem sich Katrin beim Essen in der Kantine mehr Zeit zum Kauen nimmt, geht es ihr auch besser. Wenn dann doch Blähungen auftreten, hilft ihr eine Tasse Anis- oder Fencheltee genauso wie ein Spaziergang.

Katrin hat Verstopfung ... Sind es die Hormone? Oder isst Katrin zu wenig „Gesundes“ und zu viel Schokolade? Trinkt oder bewegt sie sich zu wenig? Auch der Darm arbeitet durch den Einfluss der Schwangerschaftshormone langsamer und zusätzlich wird er von Lotta zunehmend zur Seite gedrängt. Katrin achtet jetzt mehr darauf, regelmäßiger Obst und Gemüse zu essen, und sie schafft es auch, morgens einen großen Naturjoghurt und wenigstens am Abend Vollkornbrot zu essen. Die Wasserflasche und die Trockenpflaumen fehlen jetzt nie in der Handtasche. Sie bereitet sich jetzt auch immer ein Fruchtmus aus Trockenpflaumen und/oder Feigen zu. Hierfür weicht sie das Trockenobst in 150 ml naturtrübem Apfelsaft ein und püriert es gut durch. Sie gibt sich morgens einen großen Löffel davon in ihr Müsli und nachmittags streicht sie es auf Knäckebrot. Bevor sie schlafen geht, nascht sie einen Löffel pur. Das Mus hält sich im Kühlschrank zwei bis drei Wochen. Außerdem bewegt sie sich mehr. Sie nimmt nicht mehr den Aufzug und fährt mit dem Fahrrad zur Arbeit.

Katrin hat Wadenkrämpfe ... Hat sie vielleicht einen Magnesiummangel?

Im Supermarkt hat Katrin ein Mineralwasser mit mehr als 100 mg Magnesium pro Liter gefunden. Davon trinkt sie jetzt 2 Liter pro Tag. Dazu isst sie täglich eine Handvoll Nüsse, die nicht nur ihr, sondern auch Lotta sehr guttun.

Katrin hat „dicke Beine“ ... Soll Katrin auf Salz verzichten? Von ihrer Hebamme hat Katrin erfahren, dass Reis- und Obsttage zum Entwässern in der Schwangerschaft „out“ sind. Normal gesalzenes Essen ist angesagt. Was ihr wirklich gegen die dicken Beine und Hände am Abend hilft, sind Wechselduschen und lange Spaziergänge mit Christian.

Katrins Blutzucker fährt Achterbahn … Hat Katrin Schwangerschaftsdiabetes? Katrin ist jetzt in der 25. Schwangerschaftswoche und hat schon 12 kg zugenommen und es wird ihr oft „schummrig“ – eine Heißhungerattacke jagt die andere. Ihr Gynäkologe hat jetzt einen Schwangerschaftsdiabetes diagnostiziert. Katrin hat erfahren, dass es dadurch Probleme unter der Geburt geben könnte und dass sich aus dem Schwangerschaftsdiabetes später ein „richtiger“ Diabetes entwickeln kann. Auch Lotta könnte dadurch später Diabetikerin werden und eine Adipositas entwickeln. Katrin hat einen Termin bei einer Ernährungsberatung wahrgenommen, bei dem sie viel Mut und Hoffnung bekommen hat, den Diabetes mittel- und langfristig in den Griff zu bekommen. Sie achtet jetzt mehr auf ihr Gewicht. Das gelingt ihr, indem sie sich noch mehr an die Empfehlungen für die Ernährung in der Schwangerschaft hält. Sie bewegt sich mehr und wird später darauf achten, lange zu stillen, denn das reduziert bei ihr und bei Lotta das Risiko, einen Diabetes zu entwickeln. Außerdem wird sie sich und ihre Familie in der Stillzeit und auch danach vollwertig ernähren.

Inhaltsstoffe unserer Nahrung

Der Stoffwechsel in der Schwangerschaft muss geradezu Höchstleistungen vollbringen. Hier geht es um die Versorgung zweier Organismen, wobei sich einer, der Fötus, im Aufbaustoffwechsel befindet. Das heißt, der Fötus muss jeden Tag so viel Energie zuführen, wie er benötigt, um sich selbst zu erhalten und stetig zu wachsen. Das Ungeborene braucht Nährstoffe und Energie, um sich selbst zu erhalten, aber auch um sich aufzubauen und zu wachsen. So versteht sich von allein, dass hierfür hochwertige Nährstoffe benötigt werden. Dies sind die drei Energie tragenden Hauptnährstoffe – Eiweiße, Fette, Kohlenhydrate –, die Vitamine und Mineralstoffe sowie Wasser. Diese erfüllen unterschiedliche Aufgaben in unserem Körper:

- Als Baustoffe dienen sie dem Körper zum Aufbau und zur Erhaltung der Zellen – Eiweiße, Wasser und Mineralstoffe.
- Als Brennstoffe liefern sie dem Körper Energie – Fette und Kohlenhydrate.
- Als Wirk- bzw. Schutzstoffe regeln sie die Körpervorgänge und schützen vor Krankheiten – Vitamine und Mineralstoffe.

Eiweiße

Eiweiße setzen sich aus Aminosäuren zusammen. Davon sind einige essenziell, das heißt, der Körper kann sie nicht selbst herstellen und muss sie mit der Nahrung aufnehmen. Man unterscheidet pflanzliche und tierische Eiweiße, letztere kann der Körper besonders gut verwerten. Pflanzliche Eiweiße sollten miteinander kombiniert werden, um eine ausreichend gute Versorgung zu garantieren. Zum Beispiel sind Hülsenfrüchte mit Kartoffeln, Getreide oder Brot wertvolle, hochwertige Eiweißkombinationen.

Wofür brauchen Sie Eiweiß? Eiweiß benötigt der Körper als Baustoff. Für den Aufbau von Muskeln, Blutzellen, Hormonen und Enzymen sind Proteine, wie Eiweiße auch genannt werden, in der Schwangerschaft unersetzlich.

Kohlenhydrate

Kohlenhydrate bestehen aus Zuckermolekülen. Abhängig von der Anzahl der Zuckermoleküle unterscheiden wir Einfachzucker (z. B. Trauben- und Fruchtzucker), Zweifachzucker (z. B. Haushaltszucker und Milchzucker), Mehrfachzucker (z. B. Maltodextrin) oder Vielfachzucker (z. B. Stärke).

Wofür brauchen Sie Kohlenhydrate? Kohlenhydrate benötigt der Körper als Energielieferanten. Zucker und Süßwaren enthalten Einfach- oder Zweifachzucker. Diese Zuckerarten liefern sehr schnell Energie, da sie direkt in das Blut übergehen, halten aber nur sehr kurz vor und sättigen nicht. Übrigens: Der Fötus ernährt sich zu 90 Prozent von dem Einfachzucker Glukose, und das 24 Stunden am Tag. Getreide oder Kartoffeln enthalten komplexere Vielfachzucker (Stärke), die vom Körper langsam abgebaut und an das Blut abgegeben werden. Dadurch sättigen sie länger anhaltend.

In Obst, Gemüse und Getreide, die zu einem großen Teil aus komplexen Kohlenhydraten bestehen, stecken zusätzlich viele wichtige Wirk- bzw. Schutzstoffe, also Vitamine und Mineralstoffe und die für uns so wichtigen Ballaststoffe. Im Vergleich dazu spricht man auch bei stark gezuckerten Lebensmitteln wie Limonaden und Schokolade von „leeren Kalorien", da sie reine Energie ohne positive Begleitstoffe liefern.

Ballaststoffe sind unverdauliche Pflanzenbestandteile. Sie haben gleich mehrere gute Eigenschaften: Sie sättigen gut und regulieren den Blutzuckerspiegel, regen die Darmtätigkeit an, sorgen für eine intakte Darmflora und unterstützen somit das Immunsystem. Ballaststoffe müssen sorgfältig gekaut werden, was gut für die Zähne ist. So reduzieren Ballaststoffe die in der Schwangerschaft häufig auftretenden Zahnfleischentzündungen.

Fette

Fette bestehen aus verschiedenen Fettsäuren. Man teilt Fette in sichtbare, z. B. Butter und Öl, und in versteckte Fette, zum Beispiel das Fett in Wurst, Fleisch, Schokolade und Fertiggerichten, ein. Darüber hinaus unterscheidet man pflanzliche Fette, wie zum Beispiel Olivenöl, und tierische Fette, wie zum Beispiel Butter. Die letzte Unterscheidungsmöglichkeit bezieht sich auf die Länge der einzelnen Fettsäuren und ob sie gesättigt, ungesättigt oder mehrfach ungesättigt vorliegen. Dabei wird der chemische Aufbau der Fette als Unterscheidungsmerkmal herangezogen. Gesättigte Fettsäuren stammen eher vom Tier (Butter, Käse, Fleisch und Wurst) und sind chemisch unseren körpereigenen Fettdepots sehr ähnlich. Sie erhöhen den Blutcholesterinspiegel und füllen die Körperfettzellen auf. Einfach- oder mehrfach ungesättigte Fettsäuren nehmen wir über pflanzliche Öle,

Nüsse, Saaten, Avocado und Fisch auf. Sie halten die Arterien elastisch, verbessern die Cholesterinwerte und sind wichtig für die Nerven- und Gehirnfunktionen. Die fötale Nerven- und Gehirnentwicklung ist angewiesen auf diese hochwertigen Fette, daher werden sie in den Empfehlungen für die Ernährung in der Schwangerschaft und auch der Stillzeit besonders berücksichtigt.

Wofür brauchen Sie Fette? Neben den oben genannten Funktionen versorgen sie uns mit Energie. Sie liefern doppelt so viel Energie pro Gewichtseinheit wie Eiweiß und Kohlenhydrate und sind damit ein wichtiger Brennstoff für unseren Körper. Weiterhin helfen sie, die fettlöslichen Vitamine zu verwerten. Wir benötigen sie für den Aufbau von Zellwänden, die Bereitstellung von Hormonen, zur Herstellung von Gallensäuren und zur körpereigenen Vitamin- D-Bildung.

Mineralstoffe

Mineralstoffe sind Elemente, die sich im Laufe der Jahre aus Mineralien und Steinen gelöst haben. Pflanzen nehmen sie über die Wurzeln aus der Erde auf und bauen sie in ihre Zellstrukturen ein. Der Mensch nimmt über das Trinkwasser, über Obst, Gemüse, Getreide oder indirekt über tierische Produkte die notwendigen Mineralstoffe auf.

Wofür brauchen Sie Mineralstoffe? Mineralstoffe arbeiten als Wirkstoffe für unseren Körper. Sie sind unentbehrlich für den reibungslosen Ablauf zahlreicher Stoffwechselvorgänge wie zum Beispiel für die Reizübertragung im Nervensystem, die Aktivierung von Enzymen, den Aufbau von Knochen und Zähnen sowie die Regulierung des Wasserhaushaltes. Der Körper eines Erwachsenen enthält ca. 3–4 kg Mineralstoffe.

Vitamine

Vitamine sind lebensnotwendig und müssen mit der Nahrung aufgenommen werden, da der Körper sie mit Ausnahme von Vitamin D nicht selbst bilden kann. Wir unterscheiden fettlösliche und wasserlösliche Vitamine. Die fettlöslichen Vitamine kann der Körper eine gewisse Zeit speichern, die meisten wasserlöslichen Vitamine kann der Körper in der Regel nur kurze Zeit speichern. Vitamine gehören auch zu den sekundären Pflanzenstoffen (Seite 104).

Wofür brauchen Sie Vitamine? Vitamine schützen unseren Körper, sie stärken das Immunsystem und unterstützen die schnelle Bildung roter Blutkörperchen. In der Schwangerschaft ist die Zufuhr von Vitaminen aus diesem Grunde besonders wichtig, denn jetzt wird ein größeres Blutvolumen gebildet und es muss mehr Körpermasse mithilfe der roten Blutkörperchen mit Sauerstoff versorgt werden. Eine weitere Funktion von Vitaminen ist, dass sie die Verwertung der Nahrungsbestandteile regulieren.

Wasser

Wasser ist die Voraussetzung für das Leben, da der Körper eines Erwachsenen zu 65 Prozent, der von Säuglingen zu bis zu 75 Prozent aus Wasser besteht.

Wofür brauchen Sie Wasser? Wasser wird zur Bildung von Zellen und Körperflüssigkeiten benötigt. Da in der Schwangerschaft nicht nur der Stoffwechsel der Frau aufrechterhalten werden muss, sondern auch noch neues Leben aufgebaut und erhalten werden muss, ist eine ausreichende Flüssigkeitsaufnahme in der Schwangerschaft besonders wichtig. Weiterhin dient Wasser als Lösungsmittel und als Transportmittel für Nährstoffe. Der Körper verliert Wasser über den Urin, den Kot, durch Schwitzen und durch die Atmung. Vor allem im Sommer und beim Sport sollten Sie also auf ausreichende Flüssigkeitszufuhr achten, auch wenn es manchmal schwerfällt.

Besonders wichtige Nährstoffe

Vitamin A

Vitamin A ist ein fettlösliches Vitamin. Milch und Milchprodukte sowie Fleisch sind besonders Vitamin-A-haltig. Die Vorstufe von Vitamin A, das Beta-Carotin (auch β-Carotin), findet sich in Gemüse und Obst und wird vom Körper in Vitamin A umgewandelt.

Wofür brauchen Sie Vitamin A? Es ist für Wachstum und Entwicklung von Zellen und Gewebe – besonders der Lunge – verantwortlich. Die Zufuhr von Vitamin A ist bei einer normalen Mischkost in der Regel gesichert. Nur bei Frauen, die sich vegetarisch oder sogar vegan ernähren, kann unter Umständen ein Mangel an Vitamin A vorliegen.

Achtung: Ein Zuviel an Vitamin A – dies erreicht man schon durch die Aufnahme von 100 g Leber – kann sich auf den Fötus negativ auswirken und „fruchtschädigend" wirken. Also keine Innereien in der Schwangerschaft!

Folsäure

Folsäure ist ein wasserlösliches Vitamin. Besonders viel davon findet sich in grünem Gemüse wie Grünkohl, Rosenkohl, Brokkoli, Spinat, in Blattsalaten wie Feldsalat und Endiviensalat, in Erdbeeren und Apfelsinen, in Vollkornprodukten und Hülsenfrüchten. Da durch die Lagerung und die Zubereitung bis zu 70 Prozent der Folsäure zerstört werden können, sollten Sie beim Einkauf auf Frische achten. Lagern Sie das Gemüse nur kurz, dunkel und kühl, waschen Sie es rasch im Ganzen unter fließendem Wasser und garen Sie es besonders schonend. Das fertige Gericht sollten Sie nicht lange warm halten, sondern gegebenenfalls schnell abkühlen und kühl lagern.

Wofür brauchen Sie Folsäure? Sie ist das Vitamin für Blutbildung, Zellteilung und Zellwachstum. Somit nimmt es in der gesamten Schwangerschaft eine zentrale Rolle ein. Folsäure ist besonders wichtig für die Entwicklung des Nervensystems Ihres Kindes, insbesondere für die Schließung des Neuralrohrs. Dieser Entwicklungsschritt läuft innerhalb der ersten 28 Tage einer Schwangerschaft ab, eine Zeit, in der viele Schwangerschaften noch unentdeckt sind. Wenn Sie also planen, schwanger zu werden, ist es sinnvoll, schon vorher, spätestens aber wenn Ihre Schwangerschaft bestätigt ist, auf eine gute Folsäureversorgung zu achten. Die Ernährung – zum Beispiel in Kantinen – deckt den Folsäurebedarf oft nur ungenügend. Daher wird schwangeren Frauen allgemein empfohlen, Folsäurepräparate mit 400 µg pro Tag einzunehmen. Eine Überdosierung ist bei Folsäure nicht möglich, da sie als wasserlösliches Vitamin über die Nieren ausgeschieden wird.

Kalzium

Den Mineralstoff Kalzium nehmen Sie besonders gut aus Milch und Milchprodukten (insbesondere aus Sauermilchprodukten), aber auch aus Nüssen und Samen sowie Brokkoli und Fenchel und einigen Mineralwässern auf. Achten Sie beim Einkauf von Mineralwasser darauf, dass der Kalziumgehalt mindestens 150 mg/l beträgt. Bei einer veganen Ernährung sollten Sie Mineralwasser mit einem Kalziumgehalt von 400–500 mg/l trinken.

Wofür brauchen Sie Kalzium? Kalzium ist der Baustoff für Knochen und Zähne, hat aber im Stoffwechsel auch weitere Aufgaben. Kalzium ist für die Reizweiterleitung in den Nerven verantwortlich und an der Blutgerinnung beteiligt. Mit einem halben Liter Milch oder Milchprodukten täglich ist Ihr Kalziumbedarf auch in der Schwangerschaft vollkommen gedeckt. Eine zusätzliche Einnahme von Kalzium ist nur bei einer Milchunverträglichkeit sinnvoll und notwendig.

Magnesium

Auch Magnesium ist ein Mineralstoff und ausreichend in Vollkornprodukten, Milch und Milchprodukten, Gemüse, Nüssen, Beerenobst sowie in Hülsenfrüchten vorhanden. Weizenvollkornbrot enthält 10-mal mehr Magnesium als Weißbrot. So lässt sich über eine ausgewogene Vollwerternährung mit Vollkornprodukten und Hülsenfrüchten leicht der Magnesiumbedarf decken. Mineralwasser mit einem Magnesiumgehalt von 100 mg/l hilft ebenfalls bei der Versorgung.

Wofür brauchen Sie Magnesium? Magnesium ist wichtig für die Knochen- und Zahnmineralisierung und für das Zusammenspiel von Nerven und Muskeln. Es spielt eine große Rolle bei der Muskelentspannung. So sind zum Beispiel Wadenkrämpfe ein Hinweis auf einen Magnesiummangel. Am Ende der Schwangerschaft können durch Magnesiummangel vorzeitige Wehen provoziert werden. Im Einzelfall wird Ihnen Ihr Arzt eine Magnesiumeinnahme empfehlen.

Eisen

Eisen ist ein Mineralstoff, der in tierischen und pflanzlichen Lebensmitteln vorhanden ist. Gut verfügbares Eisen findet sich insbesondere in magerem rotem Fleisch, aber auch in Eiern. Eisen aus pflanzlichen Lebensmitteln, z. B. Getreide (Hirse, Hafer, Roggen), Gemüse und Hülsenfrüchten, kann der Mensch nicht so gut verwerten, doch in der Kombination mit Vitamin C (z. B. ein Glas Orangensaft) erhöht sich die Verfügbarkeit des Eisens. Kalzium und auch Gerbsäuren aus Tee und Kaffee sowie die Oxalsäure aus dem Rhabarber behindern die Eisenaufnahme. Mit einem Verzehr von 2-mal wöchentlich 100–150 g Fleisch und dem täglichen

Genuss von Vollkornprodukten, frischem Gemüse und Obst ist der Eisenbedarf – auch in der Schwangerschaft – gedeckt.

Wofür brauchen Sie Eisen? Eisen ist Bestandteil des roten Muskel- und Blutfarbstoffes und ist dort verantwortlich für den Sauerstofftransport. Ein Mangel an Eisen führt zu einer verminderten Leistungsfähigkeit, zu Müdigkeit, Kopfschmerzen und evtl. Schwindel. Die Versorgung mit Eisen wird während der Schwangerschaft routinemäßig über den HB-Wert im Blut kontrolliert (HB steht für Hämoglobin, den roten Blutfarbstoff, in dem das Eisen gebunden wird). Ab welchem HB-Wert von einem Eisenmangel gesprochen wird, ist allerdings ebenso umstritten wie die Wirksamkeit der Eisenpräparate. Ein Abfall des HB-Wertes ist in der Schwangerschaft physiologisch, da das Blutvolumen bei zunächst gleichbleibender Zellzahl (rote Blutkörperchen) ansteigt. Eine Einnahme von Eisenpräparaten muss im Einzelfall entschieden und von der individuellen Verträglichkeit der Präparate abhängig gemacht werden.

Jod

Jod ist ein Spurenelement und in Hochseefisch, in konventioneller Milch, Milchprodukten und in mit Jodsalz zubereiteten Lebensmitteln enthalten. Stehen auf Ihrem Speiseplan 200–300 g Hochseefisch pro Woche, 500 ml Milch- und Milchprodukte sowie in Ihrem Gewürzregal Jodsalz, sind Sie und Ihr Kind ausreichend mit Jod versorgt und brauchen keine Supplemente.

Wofür brauchen Sie Jod? Jod ist essenziell für die Bildung Ihrer Schilddrüsenhormone. Diese versorgen in der Schwangerschaft auch Ihr Kind mit diesen Hormonen, die wichtig für die Entwicklung seines Nervensystems sind. Allerdings wird das Kind auch direkt mit elementarem Jod versorgt, das im Körper vielfältige Bedeutung hat, zum Beispiel bei der Entwicklung von Organen, dem Nervensystem und der Muskulatur. Jodmangel führt zu Entwicklungsstörungen beim Kind sowie zur Kropfbildung bei Frau und Kind.

Eine Jodeinnahme ist allerdings als generelle Prophylaxe kritisch zu sehen und sollte nur in Abhängigkeit von den eigenen Ernährungsgewohnheiten und nur nach Rücksprache mit dem behandelnden Arzt auch unter Berücksichtigung eventueller Schilddrüsenvorerkrankungen vorgenommen werden.

Nahrungsergänzungsmittel

Eine Schwangerschaft ist generell keine Erkrankung, sondern ein natürlicher Zustand (eine Freude!), der nicht behandlungswürdig ist. Daraus folgt, dass ein unüberlegtes Schlucken von Vitaminen und Mineralstoffen im Regelfall der Pharmaindustrie mehr nutzt als Ihnen, Ihrem Kind und Ihrem Portemonnaie. Es kann sogar sein, dass die Einnahme Ihnen und Ihrem Kind schadet. Eine Nahrungsergänzung ist nur dann sinnvoll, wenn bei einem oder mehreren bestimmten Nährstoffen ein Mangel vorliegt. Mit einem Bluttest kann Ihr Hausarzt eine mögliche Unterversorgung diagnostizieren. Der finanzielle Aufwand für diesen Bluttest ist geringer als der Aufwand für ein unüberlegtes Schlucken von Nahrungsergänzungsmitteln. Bevor Sie also zu einem Nahrungsergänzungsmittel greifen, sei es ein Einzel- oder ein Kombipräparat, ist es sicherlich sinnvoll, zu einer Ernährungsberatung zu gehen, um abzuklären, ob Sie nicht mit einer Änderung der Essgewohnheiten diesen Mangel auf natürlichem Wege beheben können. Erst dann sollten Sie darüber nachdenken, Nahrungsergänzungsmittel einzunehmen. Ernähren Sie sich streng vegetarisch oder vegan, ist eine Ernährungsberatung in Absprache mit Ihrem Arzt/Ihrer Ärztin obligatorisch.

Vollwertig durch die Schwangerschaft

Es lohnt sich, bereits in der Schwangerschaft auf gesunde Ernährung zu achten. Sie ziehen daraus einen direkten Vorteil für sich und Ihr Kind, sind dann aber auch bestens vorbereitet auf die Stillzeit und die Zeit der Beikost. Wenn Ihr Kind dann am Familientisch sitzt, geht Ihnen die gesunde Ernährung schon leicht von der Hand, sodass Sie ohne Probleme mit gutem Beispiel vorangehen können.

Was heißt überhaupt Vollwerternährung? Vollwerternährung setzt in erster Linie auf naturbelassene, gering verarbeitete, frische, überwiegend pflanzliche, saisonale und regionale Lebensmittel, möglichst aus kontrolliert biologischem Anbau bzw. artgerechter Tierhaltung und aus fairem Handel.

Was bedeutet ...

- ... naturbelassen? Pellkartoffeln statt Pommes frites
- ... gering verarbeitet? Vollkornmehl statt Auszugs(Weiß)mehl
- ... überwiegend frisch? Äpfel statt Apfelmus
- ... überwiegend pflanzlich? Öfter einmal Linsen statt Kotelett

Katrin ist schwanger und den ganzen Tag unterwegs

Vor der Schwangerschaft war es ihr egal, wann sie was und wo gegessen hat – jetzt ist es anders: Katrin muss frühstücken und ihre Zwischenmahlzeiten und das Mittagessen gut organisieren.

Wie könnte Katrins Tagesplan aussehen?

Frühstück:

- Vollkornbrot mit Käse oder vegetarischem Aufstrich, Nussmus, ein Stück Obst oder Gemüse oder Saft, Tee oder Kaffee **oder**
- Müsli mit frischem Obst und Joghurt/Milch **oder**
- Milchshake mit frischem Obst und Haferflocken **oder**
- Vollkornbrot mit hartgekochtem Ei, Tomaten und Basilikum **oder**
- Porridge mit Obst der Saison **oder**
- Vollkornknäckebrot mit Quark und Fruchtaufstrich/Honig und frischem Obst

Vormittag:

- Banane und Studentenfutter **oder**
- Joghurt mit Obst, wenn sie zum Frühstück Brot gegessen hat, **oder**
- Gemüse am Stück und Vollkorncracker

Mittagessen – von zu Hause mitgebracht:

- Müsli mit frischem Obst und Joghurt, wenn es das noch nicht gegeben hat, **oder**
- Couscous-Salat (Couscous am Morgen einweichen und mit frischem Gemüse und Essig und Öl angemacht) **oder**
- Nudelsalat (Nudeln vom Abend vorher mit Gemüse, Essig und Öl angemacht) **oder**
- Sandwich mit frischem Gemüse als Fingerfood

Mittagessen – in der Kantine:

- Kartoffeln, Reis, Nudeln, Gemüse und Suppen sowie durchgegartes Fleisch und Fisch sind in Ordnung
- Vorsicht an der Salatbar – lieber eigene Frischkost mitbringen

Nachmittag:

- Vollkornkekse oder Kuchen **oder**
- Joghurt, Quark oder Milchreis, wenn es noch nicht ausreichend Milchprodukte gegeben hat, **oder**
- Obst/Gemüse
- Vollkornknäckebrot/Vollkornzwieback mit Banane **oder**
- Becher Kakao und Obst

Abendessen:

- Gemüsesuppe und Frischkost **oder**
- Gemüseauflauf und Frischkost **oder**
- Pellkartoffeln mit Quark und gemischtem Salat **oder**
- Vollkornbrot mit Käse, Wurst oder vegetarischem Aufstrich und Salat

Katrin kann Gemüse und Obst sehr gut in der Frischhaltedose mitnehmen, Salat und Müsli im Schraubglas. Das Gemüse und die Frischkost-Salate kann sie auch schon am Vorabend vorbereiten, in die Frischhaltedose geben und im Kühlschrank aufbewahren. Im Sommer sollte sie ihre Vorräte tagsüber kühl aufbewahren.

... saisonal und regional? Kopfsalat im Juli statt Erdbeeren an Weihnachten
... kontrolliert biologischer Anbau? Höchste Qualität, ohne Einsatz von chemischen Pflanzenschutzmitteln, Gentechnik, Kunstdünger und unter Schonung der Umwelt
... artgerechte Tierhaltung? Glückliches Schwein statt Turboschwein
... fairer Handel? Globales Denken im Handel statt Profitgier

Genießen Sie reichlich energiefreie Getränke, Obst und Gemüse sowie Vollkornprodukte, Kartoffeln und Hülsenfrüchte. Ein maßvoller Genuss gilt für die tierischen Lebensmittel, ein sparsamer Genuss empfiehlt sich bei den fetten und süßen Dingen des Lebens sowie koffeinhaltigen Getränken.

Gut ernährt durch die Woche

Beurteilen Sie Ihr Ernährungsverhalten nicht anhand eines einzelnen Tages, sondern über die ganze Woche, denn erst die Gesamtmenge aller „verbotenen" Lebensmittel gibt Auskunft darüber, wie gut Sie versorgt sind.

Mahlzeitenrhythmus

Besonders in der Schwangerschaft ist es wichtig, regelmäßig zu essen und die Mahlzeiten gut über den Tag zu verteilen. Sie werden das auch selber bemerken. Wenn Sie bislang mit drei Mahlzeiten gut zurechtgekommen sind, kann es gut sein, dass sich der Hunger weitere zwei Mal meldet.

Bei fünf Mahlzeiten am Tag gehen wir von drei Hauptmahlzeiten und zwei Zwischenmahlzeiten aus. Zum Frühstück und zum Abendessen nehmen Sie jeweils 25 Prozent Ihrer Tagesgesamtenergie auf, am Mittag 30 Prozent, zu den beiden Zwischenmahlzeiten jeweils 10 Prozent. Wenn in Ihrer Familie das Abendessen die eigentliche warme Mahlzeit ist, dann vergessen Sie bitte nicht, die Mittagsmahlzeit jetzt in der Schwangerschaft etwas großzügiger ausfallen zu lassen.

Lebensmittel des täglichen Bedarfs

Wenn Sie sich an die Empfehlungen für den Tagesplan (Seite 24) halten, müssen Sie sich um Ihre Versorgung und die Versorgung Ihres Kindes mit allen wichtigen Nährstoffen keine großen Gedanken mehr machen.

Getränke

Wie viel: 2 Liter pro Tag – fünf große Gläser

Was: Wasser, Mineralwasser, ungesüßte Früchte- und Kräutertees, verdünnte Obst- und Gemüsesäfte, aber: max. 200–400 ml koffeinhaltige Getränke (Kaffee, schwarzer/grüner Tee, Cola-Getränke)

Wie: kalt oder warm, mit oder ohne Kohlensäure

Was nicht: Alkohol – keinen Tropfen!

Achtung: Chininhaltige Getränke (Bitter Lemon, Tonic Water) können Wehen auslösen!

Gemüse und Obst

Wie viel: 600–700 g – 3 Hände Gemüse, 2 Hände Obst

Was: alles, was Ihnen schmeckt und bekommt, zusätzlich 1–2 Mal pro Woche Hülsenfrüchte

Wie: immer frisch, Obst immer roh, Gemüse zur Hälfte roh, zur Hälfte schonend gegart (also dämpfen, dünsten, schmoren oder im Wok zubereiten – alles mit wenig Wasser und bissfest)

Was nicht: ungewaschenes Gemüse und Obst, evtl. stark blähende Gemüsesorten, Fertigsalate von der Salatbar

Getreide, Getreideprodukte, Kartoffeln

Wie viel: 650 g – 2 Mal täglich Brot, 1 Portion Vollkornflocken, 1 Portion Nudeln/Getreide/Kartoffeln

vegan: 2–4 Mal pro Woche Hülsenfrüchte

Was ist eigentlich Listeriose?

Listeriose ist eine bakterielle Infektion mit grippeähnlichen Symptomen. In der Schwangerschaft besteht Lebensgefahr für das ungeborene Kind, da die Listerien die Plazentaschranke passieren, direkt in den Kreislauf des ungeborenen Kindes eindringen und in der Regel zu Fehl-/Totgeburten führen. Infektionsquellen für Listerien sind alle Weichkäse, Schnittkäse aus Rohmilch, Rohmilch sowie roher Fisch und kalt geräucherte Fischwaren, rohes Fleisch und rohe Wurst und Speisen, die mehr als 24 Stunden ungekühlt aufbewahrt worden sind. Hartkäse, Emmentaler, Bergkäse, Parmesan sind immer aus Rohmilch, aber aufgrund ihrer langen Reifezeit bakteriell unbedenklich!

Was: alles aus 100 % Vollkorn, Vollkornbrot, Vollkornhartweizennudeln, Naturreis, Kartoffeln
vegan: Erbsen, Linsen, Bohnen
Wie: Kartoffeln immer als Pellkartoffeln, bei Frischkorn und Keimlingen unbedingt auf Frische und Sauberkeit achten
vegan: immer gegart

Milch, Milchprodukte

Wie viel: 500 ml – 1 Becher Milch, 1 Becher Joghurt, 2 Scheiben Käse
vegan: 500 ml pflanzliche Alternativen, 1–2 Becher Pflanzendrink (mit Calcium), 1 Becher pflanzlicher Joghurt
Was: frische Vollmilch, Naturjoghurt, Magerquark, Hartkäse und pasteurisierter Schnittkäse, Mozzarella, Feta
vegan: vegane Pflanzendrinks Ca^{++}, Sojajoghurt, Lupinenjoghurt, pflanzliche Frischkäse
Wie: kalt, warm oder aufgeschäumt, in Puddings, Soßen oder als Quarkspeise, als Brotbelag, im Salat oder überbacken
Was nicht: Achtung, Listeriengefahr! Verzichten Sie unbedingt auf:

- Rohmilch, Weichkäse (z. B. Camembert, Blauschimmelkäse) – unabhängig davon, ob aus pasteurisierter oder aus Rohmilch hergestellt,
- Schnittkäse (z. B. Gouda, Butterkäse) aus Rohmilch
- Käse, die in der Käsetheke offen in der Lake liegen

Fleisch, Fisch, Eier

Wie viel: Fleisch: ca. 300 g/Woche, Fisch: ca. 300 g/Woche, 2–3 Eier/Woche
vegan/vegetarisch: Fleisch/Fisch-Alternativen: 10–150 g/Tag
Was: mageres frisches Rind-, Lamm- oder Geflügelfleisch, fetter Hochseefisch (Lachs, Makrele, Hering), frische Bioeier
vegan/vegetarisch: Tofu, Räuchertofu, Seitan, Lupinenprodukte
Wie: gekocht, gebacken oder gebraten, gehackt oder am Stück, kalt oder warm, aber stets durchgegart
Was nicht: Achtung: Toxoplasmosegefahr! Verzichten Sie während der Schwangerschaft unbedingt auf:

- rohe Produkte
- luftgetrocknete Wurst-/Fleischwaren, Teewurst, Mettwurst
- kaltgeräucherte Fischwaren
- gewaschenen Salat aus der Tüte

Fett

Wie viel: 40 g – ein EL Streichfett, 2 EL Öl; 40 g versteckte Fette
Was: Butter oder ungehärtete Pflanzenmargarine, kalt gepresste und native Pflanzenöle (Rapsöl, Olivenöl, Leinöl, Walnussöl), Butterschmalz oder Kokosöl

Was ist Toxoplasmose?

Toxoplasmose ist eine Parasitenerkrankung mit grippeähnlichen Symptomen. In der Schwangerschaft besteht Lebensgefahr für das ungeborene Kind. Da die Erreger sich in der Plazenta einnisten und vermehren können, führt eine Infektion zu gravierenden Entwicklungsstörungen des ungeborenen Kindes und schlimmstenfalls zu einer Fehl- oder Totgeburt. Eine vorangegangene Toxoplasmose, die durch einen einfachen Bluttest nachweisbar ist, schützt Sie vor einer Wiederinfektion. Wenn Sie wissen wollen, ob Sie Toxoplasmose gehabt haben, lassen Sie einen Bluttest machen, so können sie eventuell entspannter die Schwangerschaft genießen.

Infektionsquelle für Toxoplasmose ist vor allem Katzenkot – in der Regel infiziert man sich bei der Gartenarbeit beim unbemerkten Kontakt (Achtung: Bei der Gartenarbeit Handschuhe tragen!). Weitere Infektionsquellen sind rohes Fleisch und alle rohen Fleischwaren sowie nicht gewaschenes Obst und Gemüse.

vegan: Leinöl mit DHA (Leinöl angereichert mit der ungesättigten Fettsäure Docosahexaensäure), Kokosöl zum Braten
Wie: als Streichfett Butter oder Margarine, für Salatsoßen Öl, zum Dünsten von Gemüse Olivenöl oder Butter, zum Braten Butterschmalz/vegan: Kokosöl
Was nicht: versteckte Fette

Süßes

Wie viel: 2 kleine knappe Hände am Tag
Was: süßes Obst, Trockenfrüchte, Studentenfutter, Hefekuchen, Fruchteis
Wie: Zucker wie ein Gewürz eher knapp verwenden und Zähneputzen nicht vergessen
Was nicht: stark gesüßte Getränke, gesüßte Milchprodukte, Vorsicht bei Farbstoffen

Für Veganerinnen und Vegetarierinnen

Es ist unbedingt erforderlich, Vitamin B_{12} zu substituieren und auf eine ausreichende Zufuhr von Jod (jodiertes Speisesalz, Nori-Alge) und auf eine ausreichende Eiweißzufuhr durch die Kombination von Getreide, Hülsenfrüchten, Kartoffeln und Nüssen zu achten.

Die Ernährung in der Stillzeit

Der Bedarf an Energie, Eiweiß, Vitaminen und Mineralstoffen ist in der Stillzeit deutlich höher als in der Schwangerschaft.

Besondere Bedürfnisse

Die Ernährung in der Stillzeit muss noch sorgfältiger bedacht werden als die Ernährung in der Schwangerschaft. Grundsätzlich gelten die gleichen Ernährungsempfehlungen wie in der Schwangerschaft.

In der Stillzeit stellen die möglicherweise mit Keimen verunreinigten Lebensmittel keine Gefahr mehr für das Kind dar. Rohmilch bzw. Rohmilchprodukte sowie rohe und luftgetrocknete Fleisch- und Fleischwaren können Sie nun bedenkenlos wieder genießen. Das Risiko für eine Infektion liegt nun nur auf Ihrer Seite, Ihr Kind kann über Ihre Milch nicht infiziert werden.

Feiern – darf ich mit anstoßen?

Wenn Sie den Geburtstag Ihres Kindes nicht täglich feiern, dann ja. Der von der Mutter getrunkene Alkohol geht zu 0,1–0,6 Prozent über die Muttermilch direkt an das Kind. Die maximale Alkoholkonzentration in der Muttermilch wird, wenn Sie gleichzeitig etwas essen, nach 60–90 Minuten erreicht, ohne Essen geht der Alkohol deutlich schneller (30–60 Minuten) in die Milch über. Nach gut zwei Stunden ist der Alkohol von einem kleinen Gläschen Sekt oder Wein auch in der Muttermilch wieder abgebaut. Wenn Sie also anstoßen möchten, dann sollten Sie dieses seltene Event genau planen, damit Ihr Kind möglichst wenig Alkohol mittrinkt.

Ein Beispiel: Sie stillen Ihr Kind um 19:30 Uhr und trinken dann um 20 Uhr zum Abendessen ein Glas Wein. Der Alkoholspiegel in der Muttermilch wird dann gegen 21:30 Uhr seinen Höhepunkt erreicht haben, aber gegen 23:30 Uhr können Sie Ihr Kind wieder problemlos anlegen, ohne es zu gefährden. Alkohol in der Muttermilch hat Einfluss auf das Trinkverhalten des Kindes, auf den Schlaf-Wach-Rhythmus und dosisabhängig auch auf die Entwicklung des Kindes. Schmeckt die Muttermilch nach Alkohol, trinkt Ihr Kind weniger. Ist der Alkohol aber abgebaut, trinkt das Kind dann aber wieder mehr, sodass die Tagesmenge gleich bleibt.

Und wie sieht es mit der Milchbildung durch Bier aus? Es stimmt tatsächlich, Bier fördert die Milchbildung. Diese Wirkung beruht aber nicht auf dem Alkohol, sondern auf der Gerste. Ein alkoholfreies Bier erfüllt den gleichen Zweck!

Koffein

Bei einer Aufnahme von mehr als 400 ml Kaffee oder andere koffeinhaltige Getränke am Tag kann sich das Koffein im Körper Ihres Säuglings anreichern, denn der Säugling kann das Koffein noch nicht abbauen. Eine Koffeinwirkung an Ihrem Kind erkennen Sie an weit geöffneten Augen, Unruhe und Schlaflosigkeit. Koffein hat auch eine Wirkung auf den Milchspendereflex, er wird verzögert oder vermindert ausgelöst. Reduzieren Sie Ihren Genuss von koffeinhaltigen Getränken auf eine Menge von unter 400 ml, die in der Regel gut vertragen wird. Die Praxis zeigt, dass die Lust auf Schokolade in der Stillzeit sehr groß ist, sogar während der Stillmahlzeit noch steigt. Auch Schokolade enthält Koffein. Eine halbe Tafel Bitterschokolade hat den Koffeingehalt einer Tasse Kaffee, Vollmilchschokolade weniger.

Ihr Energiebedarf während der Stillzeit

Der Wunsch, nach der Geburt möglichst schnell wieder zum vorherigen Gewicht zurückzukommen, in die alte Jeans zu passen, ist verständlich. Aber: Das, was neun Monate gewachsen ist, ist zum einen das Kind, dann aber auch ein Polster für die Stillzeit, in der Sie doppelt so viel zusätzliche Energie verbrauchen wie in der Schwangerschaft. Also keine Sorge, Sie werden trotzdem merken, wie Ihr Gewicht zurückgeht.

Für die Bildung der 800 ml Muttermilch, die Ihr Kind pro Tag trinkt, brauchen Sie etwa 650 kcal. Rund 120 kcal werden aus den in der Schwangerschaft angelegten Fettdepots gespeist, daraus ergibt sich ein Mehrbedarf von 530 kcal pro Tag.

Abnehmen ganz ohne Diät

Von einer Reduktionsdiät (weniger als 1800 kcal pro Tag) in der Stillzeit ist abzuraten, da eine geringe Energiezufuhr in der Regel auch mit einer zu geringen Aufnahme von Nährstoffen einhergeht. Eine Diät in der Stillzeit führt dazu, dass Ihre körperliche und geistige Leistungsfähigkeit abnimmt, die „schlechte Laune“ zunimmt und sich die Atmosphäre zu Hause insgesamt verschlechtert. Ihr Säugling fühlt sich nur so gut, wie es Ihnen geht. Aufgrund der schlechten Stimmung kann es zu einer verringerten Milchbildung kommen. Reduzieren Sie allerdings die Energiezufuhr nur leicht – ein Schokoriegel anstatt zwei –, wirkt sich das nicht auf die Milchbildung aus.

Durch das Stillen kommen Sie ganz von alleine wieder zur alten Figur, da in den ersten 4–6 Monaten ausschließlichen Stillens pro Monat 1 Kilo „schmelzen“. Die besten Erfolge haben Frauen, die sechs Monate ausschließlich stillen und bis zum 18. Lebensmonat begleitend abstillen. Insgesamt verlieren Frauen, die nach der Geburt ihres Kindes stillen, mehr Gewicht und erlangen eher die frühere Figur wieder zurück als Frauen, die ihr Kind nicht stillen. Frauen, die in der Schwangerschaft mehr als 20 kg zugenommen haben, und auch Frauen über 38 Jahre haben mehr Schwierigkeiten, wieder ihr Ausgangsgewicht zu erreichen. Leichte sportliche Bewegung, am besten an der frischen Luft (Bildung von Vitamin D!) wirkt sich positiv auf die Gewichtsentwicklung aus und hat weder auf die Qualität noch auf die Quantität der Muttermilch einen Einfluss. Leistungssport hingegen kann sich aufgrund der Milchsäurebildung in der Muskulatur negativ auf die Trinkmenge auswirken, da sich der Geschmack der Muttermilch durch die Milchsäure verändert.

Gute Qualität der Muttermilch

Die Qualität der Muttermilch ist abhängig von Ihrer Ernährung und Ihrem Ernährungszustand. Dabei kann man unterscheiden: Der Gehalt an wasserlöslichen Vitaminen, Vitamin E, Carotin und den Mineralstoffen Jod, Selen, Mangan und Fluorid in der Muttermilch ist direkt proportional zur Zufuhr dieser Substanzen über die Nahrung. Ein Beispiel: Wenn Sie in der Stillzeit über mehrere Tage kein Vitamin C zu sich nehmen, also weder Obst oder Gemüse usw., dann wird Ihr Kind über die Muttermilch auch kein Vitamin C aufnehmen können.

Anders verhält sich das bei den energieliefernden Nährstoffen, also Eiweiß, Fett und Kohlenhydraten, sowie den fettlöslichen Vitaminen (außer Vitamin E und Carotin). Diese werden unabhängig von der aufgenommenen Nahrung der Frau an die Muttermilch abgegeben und dem Kind zur Verfügung gestellt. Wenn Sie ein oder zwei Tage nichts essen, vielleicht weil Sie krank sind, dann müssen Sie sich um die Versorgung Ihres Kindes mit diesen Nährstoffen keine Gedanken machen.

Auf Dauer ist eine zu geringe Energieaufnahme nicht zu empfehlen. Die Milchproduktion geht dann in erster Linie „an Ihre Substanz“. Nach längerer Zeit führt eine solche Energiereduzierung auch zu einem verringerten Milchvolumen. Achten Sie daher auch im Krankheitsfall immer auf die Flüssigkeitszufuhr und viel Ruhe, damit die Milchmenge nicht zurückgeht.

Das Fettsäuremuster der Muttermilch, also die Qualität der Fette, ist im gewissen Maße abhängig von einer ausgewogenen Ernährung in der Stillzeit. Eine gute Fettsäurenzusammensetzung der Muttermilch ist eine wichtige Voraussetzung für die Entwicklung des Gehirns und des Nervensystems sowie der Haut und ist wichtig für die Verfügbarkeit der fettlöslichen Vitamine. Daher lautet die Empfehlung: zwei Mal Fisch pro Woche und einen Esslöffel Rapsöl/Leinöl täglich.

Ihr Kind profitiert so unmittelbar von Ihren guten Ernährungsgewohnheiten.

Sonnenschein-Vitamin-D

Ein täglicher Spaziergang in der Mittagszeit von 30 Minuten, Arme und Beine unbekleidet, reicht von April bis Oktober für die Vitamin-D-Bildung aus. Im Winter sollte ein Vitamin-D-Präparat genommen werden.

Nahrungsergänzungsmittel

Gehen Sie gut ernährt aus der Schwangerschaft in die Stillzeit und führen diese ausgewogene Vollwertkost weiter, so ist eine Nahrungsergänzung nicht notwendig. Immer wieder wird diskutiert, dass es ratsam sei, den physiologisch niedrigen Gehalt an bestimmten Nährstoffen in der Muttermilch über Nahrungsergänzungsmittel auszugleichen. Hierbei wird aber vergessen, dass die meisten Nährstoffe in der Muttermilch im Vergleich zur industriellen Nahrung eine deutlich höhere Bioverfügbarkeit haben, sie also auch in niedrigen Konzentrationen ausreichend zur Verfügung stehen. Nicht zu vergessen ist, dass der Gehalt an immunologisch wirksamen Komponenten der Muttermilch stark vom Ernährungszustand und der momentanen Ernährung der Frau beeinflusst wird. Nahrungsergänzungsmittel sind nur da zweckmäßig, wo ein Mangel besteht, in allen anderen Fällen nützen sie der Industrie und nicht Ihnen!

Veganerinnen und strenge Vegetarierinnen oder Frauen, die weniger als 1800 kcal pro Tag aufnehmen, sollten in der Stillzeit eine professionelle Ernährungsberatung aufsuchen und sich auf keinen Fall auf das Internet und andere Laien als „Co-Therapeuten" verlassen.

Rauchen und Stillen

Nur wenige Frauen, die es geschafft haben, vor oder in der Schwangerschaft mit dem Rauchen aufzuhören, schaffen es auch, diesen wunderbaren Zustand in der Stillzeit beizubehalten. Vielleicht lesen Sie ja diese Zeilen, bevor Sie wieder zur ersten Zigarette gegriffen haben, und es gelingt mir, Sie umzustimmen. Rauchen hat einen erheblichen negativen Einfluss auf

- die Stillphysiologie, die Muttermilchbildung,
- die Stillmotivation,
- die Qualität der Muttermilch und
- auf die Gesundheit Ihres Kindes.

Frauen, die mehr als 10 Zigaretten täglich rauchen, stillen in der Regel schon sehr früh ab, was zum einen damit zu tun hat, dass sich Stillen und Rauchen emotional nicht vereinbaren lassen, zum anderen, dass sich das Milchangebot aufgrund des hohen Zigarettenkonsums deutlich reduziert.

Ihr Kind nimmt die Schadstoffe in zweierlei Form auf. Zum einen gehen die Stoffe direkt in die Muttermilch über, zum anderen atmet Ihr Kind die belastete Luft ein. Der Säugling reagiert auf Ihr Rauchen möglicherweise mit Unruhe, bei starker Belastung auch mit Übelkeit, Erbrechen und Bauchkrämpfen mit Durchfall. Bei einem Konsum von mehr als 20 Zigaretten pro Tag sind erhebliche Gesundheitsschäden nicht auszuschließen. Kinder, deren Mütter vor und nach der Geburt geraucht haben, haben ein dreifach erhöhtes Risiko, am plötzlichen Kindstod zu sterben. Auch das Risiko für Mittelohrentzündungen, Atemwegserkrankungen und Koliken steigt. Nicht zu unterschätzen ist auch die Gefahr für den Säugling durch das Passivrauchen.

Wenn es gar nicht anders geht, rauchen Sie draußen bzw. in Räumen, in denen sich das Kind niemals aufhält. Binden Sie sich wenn möglich die Haare zusammen, waschen Sie sich die Hände gründlich mit heißem Wasser und Seife und wechseln Sie das T-Shirt, bevor Sie das Kind wieder auf den Arm nehmen. Damit Ihre Muttermilch trotz des Rauchens wertvoll für Ihr Kind ist, sollten Sie unbedingt auf eine ausgewogene und vollwertige Ernährung achten und gegebenenfalls gezielt Nahrungsergänzungsmittel einsetzen.

Sie können die Nikotinkonzentration in der Muttermilch reduzieren, wenn Sie direkt nach dem Stillen rauchen, da Nikotin im Körper abgebaut wird und in der Muttermilch eine Halbwertszeit von nur 1½ Stunden hat. Dadurch hat sich die Nikotinkonzentration bis zum nächsten Stillen schon deutlich reduziert. Die Nikotinkonzentration ist allerdings auch von der Anzahl der gerauchten Zigaretten abhängig. Da sich fettlösliche Tabakinhaltsstoffe, wie Benzpyrene, Dioxine und Nitrosamine, im Fettgewebe anreichern, sollten Sie auch darauf achten, während der Stillzeit nicht unter das Ausgangsgewicht vor der Schwangerschaft zu kommen. Sonst werden auch die „alten" belasteten Fettdepots mobilisiert und die darin eingelagerten Schadstoffe gelangen in die Muttermilch.

Blähungen

Inwieweit hat Ihre Ernährung Einfluss auf die Blähungen Ihres Kindes? Entgegen der weitverbreiteten Meinung gibt es keinen Zusammenhang zwischen dem Konsum von blähenden Speisen durch die stillende Frau und dem Auftreten von Blähungen beim Säugling. Blähende Substanzen (z. B. Raffinose oder Stachyose) lassen sich in der Muttermilch nicht nachweisen. Diese Substanzen gehören zu den unverdaulichen Ballaststoffen, die der gesunde Darm der Frau mit dem Stuhl wieder ausscheidet und nicht aufnimmt, sodass sie auch nicht in den Blutkreislauf und damit in die Muttermilch gelangen können. Sie können als stillende Frau also alles das essen, was sie selbst gut vertragen. Die Ursachen für den empfundenen Zusammenhang zwischen blähenden Nahrungsmitteln und Blähungen beim Säugling liegen woanders. Mitunter führt ein Unwohlsein der Mutter, oder manchmal auch des Vaters, über psychische Einflüsse auch zu einem Unwohlsein beim Kind.

Dies ist so zu erklären: Sie werden im Verlauf Ihrer Elternschaft immer wieder spüren, wie nah Sie Ihrem Kind sind. Sie beginnen vielleicht, Ihr Kind sehr warm anzuziehen, wenn Sie selber frieren, oder es auszuziehen, wenn Ihnen selber warm ist. So kommt es, dass Sie, wenn Sie am Abend vom mittags gegessenen Rosenkohl Bauchweh haben und Ihr Kind am Abend dann unruhig ist, fälschlicherweise davon ausgehen, dass der Rosenkohl schuld am Unwohlsein Ihres Kindes sei. Die Ursachen für Ihr Unwohlsein und das Ihres Kindes sind aber ganz andere.

Allergien

Allergieprävention ist heute ein extrem wichtiges Thema geworden, da das Auftreten von Allergien zunimmt. Schützen können Sie Ihr Kind, indem Sie es von Geburt an, mindestens 4 Monate ausschließlich und lange begleitend stillen. Durch Stillen können Sie Allergien bei Ihrem Kind nicht verhindern, aber den Zeitpunkt des Auftretens verzögern und die Ausprägung reduzieren.

Lange Zeit glaubte man, stillende Frauen sollten bestimmte Nahrungsmittel nicht zu sich nehmen, damit die Kinder keine Allergie dagegen entwickeln können. Allerdings gibt es keine wissenschaftlich fundierten Studien, nach denen eine strenge Diät der Frau und das Weglassen von möglichen allergenen Lebensmitteln zu einer Allergieprävention bei dem Säugling führen. Die mit der Nahrung aufgenommenen Eiweiße werden im Darm der Mutter in einzelne Aminosäuren zerlegt und anschließend in den mütterlichen Stoffwechsel aufgenommen. Somit verlieren sie ihre allergene Wirkung. Aus diesen Aminosäuren wird dann das Muttermilcheiweiß neu gebildet. Es kommt so bei einer gesunden Frau in der Regel nicht zum Übertritt von ganzen Eiweißen aus der Nahrung in die Muttermilch. Das heißt, dass das Weglassen von möglichen Allergenen keine Auswirkung hat.

Im Gegenteil: Die Fachleute glauben sogar, dass die Gefahr einer Mangelernährung für Mutter und Kind aufgrund einer einschränkenden Diät deutlich größer ist als ein möglicher Nutzen. Antikörper, die die Frau gegen die für sie unverträglichen Lebensmittel bildet, können allerdings über die Muttermilch zum Kind gelangen und gegebenenfalls zu Blähungen und allergischen Reaktionen führen. Als gesichert gilt lediglich, dass der regelmäßige Genuss von fettem Fisch (z. B. Lachs, Hering oder Makrele) in der Schwangerschaft, der Stillzeit und der Beikost einen allergiereduzierenden Effekt hat.

Katrin stillt – sie muss essen

Katrin weiß bereits aus der Schwangerschaft, dass sie regelmäßig etwas essen muss, aber dieser „Bärenhunger" ist ihr neu.

Christian und Katrin hatten auf Anraten der Hebamme in der Schwangerschaft schon vorgekocht. Diese Vorräte sind aufgebraucht und nun heißt es für die beiden, den Einkauf und die Küchenorganisation neu zu gestalten. Da Katrin immer dann schläft, wenn Lotta schläft, kochen die beiden auch gemeinsam und haben auch noch gemeinsam Hunger. Katrin weiß auch, dass ein warmes Mittagessen Lotta und sie zufrieden macht.

Tipps für Katrins einarmige Küche

- Pellkartoffeln, Vollkornnudeln oder Vollkornreis auf Vorrat zubereiten und an den folgenden Tagen variieren.

Beispiel Kartoffel
- 1. Tag Pellkartoffeln mit Quark,
- 2. Tag Bratkartoffeln mit Spiegelei,
- 3. Tag Kartoffelauflauf

Beispiel Vollkornnudeln
- 1. Tag Nudeln mit Tomatensoße,
- 2. Tag Nudelauflauf,
- 3. Tag Nudelsalat mit Lachsfilet

Beispiel Vollkornreis
- 1. Tag Reis mit Erbsen,
- 2. Tag gebratener Reis mit Putenfleisch,
- 3. Tag Reissalat mit Tomaten und Mozzarella

KOCHBUCH
EINKAUFEN:
Joghurt
Äpfel
Kürbis

Weitere Ideen:

- Für das gemeinsame warme Abendessen wird eine Portion mehr gekocht. Diese wird schnell heruntergekühlt, im Kühlschrank aufbewahrt und am nächsten Mittag erwärmt (zweimal warmes Essen ist kein Problem in der Stillzeit).
- Am Wochenende wird immer etwas mehr gekocht und eingefroren.
- Frischkost gibt es immer als Fingerfood.
- Dipp wird für mehrere Tage zubereitet.
- Christian schmiert auch für Katrin morgens ein paar Brote mit und macht ihr (und auch für sich) schon einmal einen Milchshake mit frischem Obst.
- Neben Katrins Stillsessel stehen Wasser, Tee, Studentenfutter und Obst.
- Am Freitag werden das Essen und der Wocheneinkauf geplant.
- Jeder, der Lotta sehen will, bringt ein Essen mit!
- Katrin freut sich über jede angebotene Hilfe und nimmt sie gerne an.

Milchbildungskugeln Diese Kugeln versorgen Katrin mit vielen wichtigen Nährstoffen und Energie und lassen die Milch fließen.

Empfehlungen von Katrins Hebamme

Sie soll das Gleiche essen wie in der Schwangerschaft. Katrin achtet darauf, dass

- sie regelmäßig über den Tag verteilt isst. 3 Hauptmahlzeiten und 2–3 Zwischenmahlzeiten helfen Ihr, gut gelaunt und gut versorgt durch den Stilltag zu kommen;
- sie sich eine warme Mittagsmahlzeit sichert – so ist sie gestärkt und gewappnet für den Abend mit Lotta, Ihr Blutzuckerspiegel bleibt konstant und sie hat Reserven für die möglicherweise abendlichen unruhigen Stunden mit Lotta;
- sie 2 Liter pro Tag und mehr trinkt, zu jeder Stillmahlzeit ein Glas. Sonst reagiert sie mit Müdigkeit, Konzentrationsstörungen und Kopfschmerzen.

Milchbildungskugeln 1

Für 12–14 Kugeln
⏲ 30 Min. (Reis) + 25. Min. + Kühlung

100 g Fünfkornflocken • 3 TL Getreidekaffee • 30 g Butter/Margarine • 30 g gekochter Vollkornreis • 30 g Honig/Agavendicksaft

- Die Fünfkornflocken in einem Standmixer fein vermahlen und in einer Pfanne ohne Fettzugabe leicht anrösten.
- Den Getreidekaffee in 25 ml heißem Wasser lösen und mit den restlichen Zutaten verkneten.
- Ca. 12–14 Kugeln formen und im Kühlschrank fest werden lassen.
- Sie halten sich im Kühlschrank 1–2 Wochen und lassen sich einfrieren.

Tipp:

Planen Sie diese Kugeln ein, wenn Sie sowieso das nächste Mal Reis zubereiten.

Milchbildungskugeln 2

Für 12–14 Kugeln
⏲ 25 Min. + Kühlung

100 g Fünfkornflocken • 20 g gehackte Mandeln • 30 g Butter/Margarine • 20 g Vollrohrzucker • 20 g Mandelmus

- Die Fünfkornflocken in einem Standmixer fein vermahlen und mit den Mandeln in einer Pfanne ohne Fettzugabe sehr leicht anrösten.
- Die Butter/Margarine und den Zucker unterrühren, bis die Butter/Margarine geschmolzen ist und der Zucker sich gelöst hat. Zum Schluss das Mandelmus unterrühren und evtl. 2–3 EL Wasser dazugeben, sodass eine formbare Masse entsteht.
- Ca. 12–14 Kugeln formen und im Kühlschrank fest werden lassen.
- Sie halten sich im Kühlschrank 1–2 Wochen und lassen sich einfrieren.

Für die ersten Monate: Milch

Milch macht mobil – allein durch perfekt abgestimmte Milch wird Ihr Kind mit Nährstoffen und Liebe versorgt.

Ganz natürlich stillen

Stillen ist das Normalste von der Welt! Muttermilch ist die „beste“ Säuglingsnahrung, ein Rundum-Paket, ein Allheilmittel und auch ein Wundertrunk.

Muttermilch ist die einzige von der Natur vorgesehene Nahrung für einen Säugling und damit optimal. Stillen ist mehr als nur „satt machen mit Nährstoffen“, Stillen wird auch als Sinnbild innigster Sorge und Verantwortung für einen anderen Menschen verstanden. So vereinigt Stillen die optimale Ernährung des Kindes mit der Förderung der Mutter-Kind-Bindung. Körper- und Augenkontakt sind beim Stillen automatisch vorhanden, unter anderem unterstützt durch das Bindungshormon Oxytocin. Man spricht beim Stillen auch von einem intensiven nonverbalen Kommunikationsprozess, von inniger Bindung und Verständigung ohne Worte. Überall auf der Welt ist die Körpersprache die erste Muttersprache und bleibt ein Leben lang Ausdruck tiefer Kommunikation, denn Körpersprache ist immer intuitiv und stimmig.

Ein gelungener Start

Das erste „Gespräch“ eines Neugeborenen mit seinen Eltern ist ein prägendes Erlebnis und beeinflusst seine Bindungsfähigkeit ein Leben lang. Dieser nonverbale Kontakt entsteht schon vor dem ersten Stillen. Er beginnt mit dem ersten Hautkontakt, wenn das Neugeborene direkt nach der Entbindung von der Mutter auf deren nacktem Bauch liegt. Auch der Vater kann hier eine große Rolle spielen. Er kann dieses „Gespräch“ mit seinem Kind auch alleine führen, z. B. nach einem Kaiserschnitt. Idealerweise legt die Mutter das Kind nach der Geburt auf den eigenen Bauch und der Vater umfasst den Rücken des Kindes. Dies ist der Beginn einer Vater-Mutter-Kind-Triade. Ein Moment der intensiven Nähe, Beruhigung für die Eltern und Geborgenheit für das Kind.

Das Hormon Oxytocin ist einerseits für die Ausschüttung der Milch verantwortlich, andererseits ist es aber u. a. auch „das" Bindungshormon und seine Ausschüttung wird beim Vater und der Mutter über den Hautkontakt stimuliert. Also, liebe Männer, hier habt Ihr eine wunderschöne und bedeutende Aufgabe! Nach diesem ersten „Gespräch" – es dauert in der Regel 30–60 Minuten – macht sich das Kind auf die Suche nach der Brust. Es findet normalerweise, besonders, wenn es nicht gestört wird, die Brust von ganz alleine.

Die Natur hat auch für diese Situation alles perfekt vorbereitet. Aufgrund der hormonellen Lage hat sich in der Schwangerschaft der Warzenvorhof der mütterlichen Brust verdunkelt. Dadurch kann das Kind, das am Anfang nur Kontraste erkennt, die Brust leichter finden. Mit weit geöffnetem Mund fasst das Neugeborene den Warzenvorhof, saugt und schluckt die ersten Tropfen Muttermilch. Der Anfang einer hoffentlich schönen Stillbeziehung!

Wege zu einer gelungenen und glücklichen Stillzeit

Muss Stillen erlernt werden? Wenn Stillen doch das Normalste von der Welt ist, ein physiologischer, natürlicher Vorgang, dann müsste das Ganze auch von alleine laufen, oder?

Normalerweise machen sich Frauen (manchmal auch Männer) schon als kleines Kind Vorstellungen über das Stillen in ihrer Gesellschaft, also lange Zeit, bevor sie selbst ein Kind haben. Diesen Vorgang der unbewussten Übernahme nennt man kulturimmanente Tradierung. In Bezug auf das Stillen wäre es schön, wenn das Stillen hierzulande gesellschaftlich anerkannt wäre und als die selbstverständlichste Nahrung für einen Säugling empfunden und weiter tradiert würde. So könnten die Kinder von klein an sehen und lernen, dass die Brust für das Stillen da ist. Sie könnten überall das gute Funktionieren einer Stillbeziehung unbewusst miterleben. Dies würde das Vertrauen in die eigene Stillfähigkeit jeder erwachsenen Frau stärken, sodass ein „Erlernen" des Stillens überflüssig wäre.

Unsere Gesellschaft bietet leider nicht mehr diese Bilder für unsere Kinder, im Gegenteil, in Bilderbüchern, Büchern und Broschüren wird immer wieder die Flasche abgebildet. Auch die Spielzeugindustrie hält für die Flaschenfütterung alles bereit.

Heute weiß man, dass der positive und negative Einfluss der Väter auf das Stillen und die Stilldauer höher ist als der von Ärzten, Stillberaterinnen, Hebammen oder Ernährungsberatern. Im besten Fall sollte der Vater zum aktiven Begleiter der Stillbeziehung werden und nicht nur

Die Stillpositionen

» Stillen im Rückengriff (Fußballgriff)
Das Kind liegt unter dem Arm der Mutter

« Stillen im Wiegegriff
Der Kopf des Kindes liegt in der Ellenbeuge der Mutter

Stillen im Liegen
Das Kind wird in der Seitenlage gehalten

zum Beobachter der Mutter-Kind-Dyade. Diese wohlwollende Unterstützung wirkt sich positiv auf die Eltern-Kind-Triade aus. Die Möglichkeiten für den Vater und die Wege zu einer glücklichen Vater-Kind-Beziehung sind vielfältig.

Nach einer Geburt unter Narkose, bei Problemen des Neugeborenen oder bei einer Trennung von Mutter und Kind sollten die Bindungsphase und der Stillbeginn unbedingt nachgeholt werden, möglichst unter den gleichen Bedingungen wie oben beschrieben. Weiterhin ist für das ausschließliche Stillen und für eine lange Stilldauer ein familiäres wie auch professionelles Unterstützungssystem notwendig. Freunde und Familie sind hilfreich für die gute und ruhige Atmosphäre, sie können Sie versorgen und Ihnen auch einmal die Wäsche abnehmen oder Ihnen etwas vom Einkaufen mitbringen, Ihre Hebamme oder Ihre Stillberaterin nehmen Ihnen mögliche Sorgen und helfen Ihnen bei Problemen und Fragen. Es geht nicht allein darum, dass Sie Ihr Kind möglichst lange ausschließlich stillen, sondern auch darum, dass Sie während der Stillzeit so viel Lebensqualität wie möglich erleben und auch in schwierigen Zeiten befriedigende Erfahrungen mit dem Stillen machen.

Voraussetzungen für einen optimalen Stillbeginn

- sparsamer Einsatz von Medikamenten unter der Geburt
- intensiver Hautkontakt in den ersten zwei Stunden
- ruhige Atmosphäre für die ganze Familie
- APGAR-Werte des Kindes abnehmen, während es auf dem Bauch der Mutter liegt
- Wiegen, Messen und Baden hat Zeit bis nach dem ersten Stillen
- ungestörtes Suchen der Brust durch das Neugeborene (gegebenenfalls Unterstützung geben)
- zweiter Stillkontakt angeleitet durch professionelle Hilfe (das Kind lernt die richtige, aber auch die falsche Technik ganz am Anfang)
- WHO-zertifiziertes stillfreundliches Krankenhaus

Stillen – Lust statt Last? Lauter Gründe fürs Stillen

Ein Kind zu stillen heißt, es mit dem Körper zu nähren, zu schützen, zu wärmen und zu halten. Abgesehen davon, dass Muttermilch das vollwertigste Lebensmittel überhaupt ist, frisch, unverarbeitet, umweltschonend verpackt, artgerecht, saisonal und regional, bietet sie auch noch eine Menge weiterer positiver Vorzüge – nicht nur für Sie und Ihr Kind sondern auch für die ganze Familie sowie für die Umwelt.

Wertvolle Inhaltsstoffe

Muttermilch heißt Nahrungsbereitstellung für jede Körperzelle des Säuglings sowie Schutz vor Infektionskrankheiten und damit Förderung der Entwicklung des Säuglings. Muttermilch überbrückt die Kluft zwischen dem wohlorganisierten Schutz im Mutterleib und der erst spät einsetzenden eigenen Infektabwehr. Sie liefert nicht nur Nährstoffe, sondern auch alle wichtigen immunologisch wirksamen Bestandteile. So enthält sie Proteine, die das Keimwachstum verhindern. Sie geben mit Ihrer Muttermilch auch spezifische und unspezifische Antikörper, die Sie im Laufe Ihres Lebens gebildet haben, an Ihr Kind weiter und schützen es damit vor Krankheitserregern. Diese Antikörper sind auch schon in den letzten Schwangerschaftsmonaten von Ihnen

Muttermilch im Verlauf der Stillzeit

Kolostrum: Vormilch, schleimige dickflüssige und gelbliche Milch. Die Vormilch ist die Milch der ersten 5–7 Tage. Sie ist besonders eiweißreich und reich an Enzymen, Aminosäuren und Antikörpern. Sie ist unerlässlich für die Immunabwehr des Säuglings und wichtig für die Verhinderung der Neugeborenengelbsucht.

Transitorische Milch: Übergangsmilch. Dies ist die Milch für die nächsten 1–2 Wochen, der Eiweißgehalt wird langsam geringer, der Fettgehalt steigt an.

Reife Milch: Diese Milch (ab der 3. Woche) hat einen hohen Fett- und Laktosegehalt (Milchzucker), der Eiweißgehalt ist niedriger.

Milch in der Abstillphase: Diese Milch hat eine ähnliche Zusammensetzung wie das Kolostrum mit einem hohen Gehalt an Immunglobulinen.

Übrigens: Muttermilch verändert sich nicht nur mit dem Lebensalter des Säuglings, sondern auch mit der Tageszeit, der Außentemperatur, während einer Stillmahlzeit und über die Nahrung der Mutter sowohl qualitativ als auch geschmacklich.

über die Nabelschnur an Ihr Kind weitergegeben worden. Dies ist vergleichbar mit einer Impfung. Diese immunologisch wirksamen Bestandteile sind besonders reichlich im Kolostrum, sind aber auch während der gesamten Stilldauer ausreichend in der Muttermilch vorhanden. Muttermilch senkt für Kinder unter einem Jahr das Risiko für eine Infektionserkrankung um 30–50 Prozent.

Bedeutung für Ihr Kind

Stillen befriedigt Hunger und Durst des Säuglings, der schon ab dem vierten Lebenstag seine Trinkmenge in Abhängigkeit vom Energiegehalt der Muttermilch selbst regeln kann. Verspürt er lediglich Durst, so trinkt er nur kurz ein paar Schlucke der „dünneren" Vormilch. Es gibt eine Reihe von Gründen, Ihr Kind zu stillen:

- Gestillte Kinder haben ein um 50 Prozent geringeres Risiko, an Mittelohrentzündungen und Magen-Darm-Erkrankungen zu erkranken. Auch Atemwegserkrankungen treten deutlich seltener auf.
- Ausschließliches Stillen über vier Monate und langes begleitendes Abstillen bewirken auch, dass Allergien zeitlich verzögert und schwächer auftreten.
- Stillen Sie Ihr Kind bis zu einem Jahr und länger, dann schützen Sie es auch vor Übergewicht (Adipositas).
- Erkrankungen wie Diabetes, erhöhte Blutcholesterinwerte und Herz-Kreislauf-Probleme treten bei gestillten Kindern deutlich seltener auf.
- Einen eindeutig positiven Einfluss hat das Trinken an der Brust durch das Trainieren der Mundmuskulatur auch auf die Kieferstellung. Diese ist eine Grundvoraussetzung für die Sprachentwicklung.
- Immer wieder wird dem Stillen ein entscheidender Einfluss auf die Intelligenz nachgesagt, was aber wissenschaftlich nicht bewiesen ist.
- Der positive Einfluss auf die grob- und feinmotorische Entwicklung gilt jedoch als sicher.
- Geben Sie Ihrem Kind auch die Chance, sich über die Muttermilch an Ihre Küche zu gewöhnen. Muttermilch nimmt viele Geschmacksstoffe Ihrer Nahrung an. So lernt der Säugling Ihre Geschmacksvorlieben bereits kennen. Dies sorgt für einen guten Übergang, eine gelungene Beikostzeit und eine erfolgreiche Umstellung auf die Familienkost.

Katrin stillt – was ihr und Lotta hilft

Katrin und Christian sind überrascht, dass das erste Stillen im Krankenhaus unter Anleitung einer Stillberaterin schon so gut geklappt hat. Nun freuen sie sich auf zu Hause, um in Ruhe das Stillen fortzusetzen.

Für die drei ist es jetzt erst einmal wichtig, gemeinsam herauszufinden, wann, wie und wo Lotta gestillt werden möchte, da die beiden Eltern nicht daran glauben, dass Lotta nur alle vier Stunden Hunger hat, wie Oma Susi immer sagt – schließlich war sie im Bauch rund um die Uhr versorgt.

Wie erkennen Katrin und Christian, dass Lotta Hunger hat? In Katrins Bauch hat Lotta den Hunger nie kennengelernt, daher kann sie jetzt das immer wieder auftretende Grummeln im Bauch noch nicht einsortieren. Katrin und Christian merken aber, dass Lotta, wenn sie Hunger bekommt, an ihrer Lippe leckt, den Kopf unruhig hin- und her bewegt und Sauggeräusche macht. Manchmal nimmt sie auch die Hand in den Mund. Wenn Katrin und Christian das rechtzeitig merken und Katrin sie anlegt, ist Lotta froh und muss nicht vor Hunger weinen und geht dann auch leichter an die Brust.

Wie kann Katrin Lotta anlegen? Lotta kann am besten trinken, wenn sie genau waagerecht liegt und es für Katrin richtig gemütlich ist, egal ob sie sitzt oder liegt. Es klappt am besten, wenn Lottas Bauch genau an Katrins Bauch liegt. So kann Lotta die ganze Brustwarze in ihren Mund einsaugen. Das Stillkissen sorgt dann dafür, dass Lottas Ohr, die Schulter und die Hüfte immer ganz bequem auf einer Linie sind. Wenn es für Katrin bequem ist, kann sie Lotta auch im Rückengriff stillen. Dabei liegt Lotta nicht quer vor dem Bauch,

Zzzzz
Zzzzzzzz

sondern sie liegt neben ihr und kommt mit dem Kopf von hinten unter dem Arm durch – so, als wenn Katrin einen Fußball unter dem Arm trüge, so können sich die beiden gut angucken. Nachts wird Lotta im Liegen gestillt. Dazu liegen die beiden genau nebeneinander Bauch an Bauch, Lottas Rücken und Katrins Kopf werden gut mit Kissen gestützt.

Wie merkt Katrin, dass Lotta richtig trinkt?
Wenn Lotta die Brustwarze richtig in den Mund genommen hat, kann Katrin an ihrem Unterkiefer sehen, dass Lotta tiefe Züge nimmt. Katrin erkennt deutlich, wenn Lotta ansaugt, und hört dann auch, dass sie die Milch schluckt. Lottas Mund ist dann ganz feucht, Arme und Hände schlapp/entspannt. Wird Lotta müde, nuckelt sie lieber nur an der Brustwarze. Katrin streichelt ihr dann über den Kopf oder entlang des Unterkiefers. Das regt Lotta dann wieder zum richtigen Trinken an.

Katrin hat wunde Brustwarzen Anfangs hatte Katrin öfter wunde Brustwarzen, die sie mit Muttermilch, frischer Luft und schwarzem Tee behandelt hat. Inzwischen weiß sie aber, dass sie nur darauf achten muss, dass Lotta richtig Bauch an Bauch in einer Linie an der Brust liegt und die ganze Brustwarze richtig rundum fasst.

Katrin hat einen Milchstau Fast hätte Katrin schon abgestillt. Der harte rötliche Knoten an ihrer Brust war sehr schmerzhaft. Die Hebamme und Lotta haben ihr geholfen. Katrin hat regelmäßig Magerquarkwickel auf die Brust gelegt, hat einen Ruhetag im Bett eingelegt und Lotta so angelegt, dass Lottas Unterkiefer genau an der Position des Knotens zu liegen kam. Als der Knoten oben auf der Brust war, hat sie Lotta sogar im Liegen von oben trinken lassen, sodass Lotta mit ihrem Bauch auf der Schulter lag. Katrin hat Glück gehabt, dass sie kein Fieber bekam, da sie sonst zum Gynäkologen hätte gehen müssen.

Katrin macht einen Magerquarkwickel
Dazu faltet sie ein Stück Küchenkrepp in drei gleich große Teile. Auf das mittlere Feld streicht sie messerrückendick zimmerwarmen Magerquark und klappt die beiden Randfelder darüber. Dieses Paket legt sie auf die gerötete Stelle, dabei spart sie immer die Brustwarze und den Warzenvorhof aus. Wenn der Quark getrocknet ist, kann ein neuer Wickel aufgelegt werden.

Katrin will abpumpen Für Katrin ist es wichtig, dass Christian ihr angeboten hat, Lotta ab und zu mit abgepumpter Milch zu versorgen. Dazu haben sie eine Milchpumpe ausgeliehen und ein System für das Aufbewahren und Füttern der Milch angeschafft. Für Katrin bedeutet das Abpumpen eine gewisse Überwindung – nachdem sie das Gefühl „Ich bin eine Kuh“ abgelegt hat, klappt es auch.

Für die erste Mahlzeit muss Katrin über einen längeren Zeitraum Milch sammeln. Sie vermutet, dass Lotta ungefähr 100–150 ml pro Mahlzeit trinkt. Eine Woche vor ihrem ersten Kinobesuch beginnt sie, die angetrunkene, aber noch nicht ganz leer getrunkene zweite Brust abzupumpen. Sie sammelt die Milch in den dafür vorgesehenen Behältern, achtet aber darauf, dass die Menge, die sie obendrauf schüttet, immer kleiner ist als die Menge, die bereits in dem Behälter enthalten ist, damit die schon abgekühlte Milch nicht zu sehr erwärmt wird. Bis zu 72 Stunden hält sich die abgepumpte Muttermilch bei 5 °C im Kühlschrank; will Katrin sie länger aufbewahren, kommt sie ins Tiefkühlfach. Schlau ist es, dass Katrin auf alle Portionen das Datum und die Menge geschrieben hat.

Ab der zweiten Mahlzeit ist es leichter. Während des Kinobesuchs hat Christian Lotta ja die Flasche schon gegeben – sie sollte also satt sein. Jetzt kann Katrin sehr gut eine volle Stillmahlzeit für Ihre nächste „Auszeit“ abpumpen und einfrieren.

Christian will füttern Christian kann die gefrorene Milch in einem kalten Wasserbad auftauen und in einem warmen Wasserbad auf 37 °C erwärmen. Das erste Mal ist für Christian und Lotta sicherlich nicht leicht, aber Katrin ist nicht da, was sollen die beiden denn tun? Christian riecht zwar vertraut, aber nicht nach Milch wie Katrin, und der Flaschensauger verlangt von Lotta auch eine andere Saugtechnik. Christian zieht Katrins Still-T-Shirt an und tropft ein wenig Muttermilch aus dem Sauger auf Lottas Lippen. Nach kurzer Zeit hat Lotta dann auch die neue Quelle entdeckt und fühlt sich mit Ihrem Vater richtig wohl.

Katrins Wochenbett – 6–8 Wochen Sonderurlaub für Katrin und Lotta Im Geburtsvorbereitungskurs hatten sie schon vom „Babyblues“ gehört und es fast nicht geglaubt, aber verstanden, dass das normal und gut ist. Am dritten Tag nach der Geburt wachte Katrin dann auch mit Tränen in den Augen auf. An diesem Tag kamen dann auch die Milch und der Wochenfluss ins Fließen. Katrin, Christian und Lotta haben einen Tag im Bett verbracht und einfach nur Ruhe gesucht. Auch in den nächsten Wochen war Ruhe angesagt. Dies hat dazu geführt, dass Katrin und Lotta eine gute Stillbeziehung aufgebaut und sich gut erholt haben.

Hilfe bei Stillproblemen

Stillen ist viel zu wichtig und das Angebot an Hilfen so vielfältig, dass bei Stillproblemen das Abstillen die letzte Wahl sein sollte. Ursachen für frühes Abstillen sind meist Empfindungen und Bedürfnisse der stillenden Frau. Im Folgenden finden Sie eine Reihe von Stillproblemen und mögliche Hilfsangebote:

- Probleme beim Stillmanagement – Stillberaterin organisieren
- Subjektiv empfundener Mangel an Muttermilch – Hebamme, Stillberaterin aufsuchen
- schnelle Wiederaufnahme der Berufstätigkeit – Rechte für das Stillen am Arbeitsplatz erfragen (Mutterschutzgesetz – MuSchG §7)
- erneute Schwangerschaft – Hebamme und Ernährungsberaterin befragen
- Erkrankungen der Frau – Informationen zu Medikamenten auf www.embryotox.de
- Druck der Familie – offenes Gespräch suchen, evtl. mit professioneller Hilfe, zum Beispiel bei der AWO

Immer verfügbar

Muttermilch ist jederzeit verfügbar, aber auch nur dann, wenn Sie verfügbar sind. In den ersten Jahren mit Kind empfindet man eine stark körperliche Bindung, später ein Leben lang eine gedankliche Bindung – ich weiß nicht, welche anspruchsvoller ist. Ich möchte Ihnen hier an dieser Stelle die Angst und die Sorge nehmen vor dieser „Abhängigkeit". Gehen Sie offen an die Stillzeit heran und geben Sie Ihrem Kind die Chance, Sie vom Stillen zu überzeugen. Die Zufriedenheit Ihres Kindes an Ihrer Brust, gepaart mit Ihrer auf maximale Bindung ausgerichteten hormonellen Lage, lassen die Gedanken an die Einschränkung durch diese Abhängigkeit leicht vergessen. Freuen Sie sich darauf, besonders in der Zeit des Wochenbetts, sich mehrmals am Tag in Ruhe hinsetzen oder hinlegen zu können und sich mit dem Blick auf Ihr Kind und dem Geräusch des Schmatzens ihres Kindes auszuruhen. Und ein paar praktische Vorteile kommen noch hinzu: kein Einkauf von Milchpulver, Flaschen und Saugern, kein Wassererwärmen, kein Anrühren, Ihre Muttermilch ist immer fertig und wohltemperiert, auch in der Nacht. Wenn Sie mit Ihrem Kind unterwegs sind, haben Sie die Milch immer in ausreichender Menge dabei. Und wenn Sie einmal alleine ohne Ihr Kind unterwegs sein möchten, gibt es die Möglichkeit, Muttermilch abzupumpen. Ihr Kind bekommt dann die Muttermilch aus der Flasche.

Loslassen können

Stillen ermöglicht Ihnen auch, sich langsam von Ihrem Kind zu lösen. Die Geburt ist sicherlich der größte Einschnitt in der Beziehung zwischen Mutter und Kind. Solange Sie jedoch stillen, sind Sie beide vereint. Sie haben als stillende Frau eine Monopolstellung, von der Sie sich während des Abstillens und des Übergangs zur Beikost langsam verabschieden können. Wobei das Loslösen umso besser funktioniert, je intensiver die Bindung ist. Der nächste richtig große Einschnitt ist dann der Auszug Ihres Kindes aus Ihrem Haushalt …!

Stillen hat auch einen direkten gesundheitlichen Nutzen für Sie. Es fördert die schnelle Rückbildung der Gebärmutter sowie eine Reduktion des Körpergewichts und langfristig beugt es Osteoporose, Brust-, Eierstock- und Gebärmutterkrebs vor.

Psychische Gesundheit

Über die Interaktion zwischen Mutter und Kind wird beim Stillen die Persönlichkeit des Kindes gefördert. Ein Neugeborenes kann nur 20 cm weit sehen, genau der Abstand zum Gesicht der Mutter, wenn es an der Brust liegt. Das Kind sieht im Gesicht seiner Mutter einen Teil von sich selbst, da es mit der Mutter in einer Symbiose lebt. Die Mimik der Mutter spiegelt die Mimik des Kindes und die Mimik des Kindes spiegelt die Mimik der Mutter. Dabei werden mütterliches und kindliches Verhalten als eine sich wechselseitig verzahnende Einheit verstanden, die Symbiose zwischen Mutter und Kind wird verstärkt. Durch diese Bestätigung des eigenen Verhaltens im Gesicht der Mutter wird das kindliche Verhalten bestärkt.

Umwelt

Auch die Umwelt und Ihr Portemonnaie profitieren von Ihrem Stillwillen, da der Energie- und Ressourcenaufwand für Herstellung, Transport, Verpackung, Zubereitung und Entsorgung von Formulanahrung und Zubehör entfällt.

Lotta hat keine Blähungen mehr

Lottas Blähungen waren zunächst ein größeres Problem – Lotta musste viel weinen und Christian und Katrin haben sie stundenweise durch die Wohnung getragen.

Christian und Katrin konnten den Satz „Kinder haben Blähungen, dagegen kann man nichts tun“ nicht akzeptieren. Lotta tat der Bauch so weh, dass sie Fragen gestellt und Lösungen gefunden haben. Intuitiv sind die darauf gekommen, dass regelmäßige Ruhetage ohne Hektik, aber mit langen Spaziergängen mit Lotta im Tragetuch helfen.

Muss Lotta immer ein „Bäuerchen“ machen? Katrin hat gemerkt, dass Lotta zu Anfang der Stillmahlzeit immer relativ viel Luft schluckt. Sie vermutet, dass das der Grund für die Blähungen ist, da Lotta ganz oft kein „Bäuerchen“ gemacht hat. Wenn sie nach längerer Zeit dann doch eines gemacht hat, kam oft Milch mit. Jetzt stillt sie Lotta immer nur eine Minute, nimmt sie von der Brust – und Lottas „Bäuerchen“ kommt spontan und ohne Milch. Die Luft muss jetzt nicht durch den Darm nach draußen. Danach stillt sie Lotta so lange, wie Lotta möchte. Ohne Luft im Magen kann Lotta eine größere Menge trinken, die dann auch länger vorhält.

Soll Katrin weniger oft stillen? Katrin hatte sich vorgenommen, Lotta nach Bedarf zu stillen. Als Lotta vier Wochen alt war, hat sie sie jede Stunde angelegt. Dies entsprach allerdings nicht Katrins Bedürfnis und sie hatte auch nicht den Eindruck, dass es Lotta damit gut ging. Die Hebamme hat ihr dann erklärt, dass Lotta nur den durststillenden laktosehaltigen Milchan-

teil bekommt und ein Zuviel an Laktose im Darm auch zu Blähungen führen kann.

Soll Katrin etwas anderes essen? Katrin hat versucht, auf blähende Speisen zu verzichten – aber die „Antiblähdiät" hatte keinerlei Wirkung. Jetzt isst sie das, was ihr schmeckt, gut bekommt und sie gut versorgt.

Liegt Lotta zu viel in der Babyschale? Lotta hatte abends an solchen Tagen immer besonders viele Blähungen, an denen sie viel im Kinderwagen gelegen oder im Autositz gesessen hat. Christian legt Lotta jetzt häufiger, wenn sie wach ist, auf den Bauch. Anfangs hatte Lotta wenig Lust dazu, aber mittlerweile liebt sie es, auf dem Bauch zu liegen und mit den Beinen kräftig zu strampeln. Die Luft in ihrem Bauch findet dann auch leichter nach draußen.

Ist die Windel oder die Hose zu eng? Christian und Katrin finden Strampler zwar nicht so schön, haben aber entdeckt, dass Lottas zum Abend immer dicker werdender Bauch nur im weiten Strampler so richtig Platz hat. Die Jeans-Hose und die enge Windel engten Lottas Bauch zu sehr ein und die Blähungen setzten sich fest. Also lieber ein Strampler!

Was hilft sonst noch bei Blähungen? Hat Lotta doch einmal Luft im Bauch, massieren Christian und Katrin ihren Bauch im Uhrzeigersinn mit einem Kümmel- oder Fenchelöl. Ein feuchtwarmer Wickel oder ein warmes Kirschkernsäckchen (Vorsicht! Nicht zu heiß machen!) entspannen Lottas Bauch ganz besonders. Am allerbesten hilft es Lotta aber, wenn sie im Tragetuch ganz eng Bauch an Bauch mit viel Liebe getragen wird.

Industrielle Säuglingsnahrung

Es gibt ca. 50 verschiedene industrielle Säuglingsnahrungen auf dem Markt, deren Herstellung der Diätverordnung innerhalb des Lebensmittelrechts unterliegt.

Die Qualität der industriellen Säuglingsnahrungen ist nach Stand der Wissenschaft optimal. Von der Selbstzubereitung einer Säuglingsnahrung sowie dem Einsatz von jeglicher Tiermilch wird einstimmig abgeraten! Warum aber ist die Kuhmilch für das Kälbchen die beste Nahrung und für den menschlichen Säugling nicht geeignet? Das Kälbchen verdoppelt sein Geburtsgewicht innerhalb von zwei Monaten, daher sind Baustoffe wie Eiweiß und Mineralstoffe von hoher Bedeutung. Der menschliche Säugling lässt sich sechs Monate Zeit, um sein Geburtsgewicht zu verdoppeln. Die Baustoffe wie Eiweiße und Mineralstoffe sind hier sekundär, Energiestoffe wie Fett und Milchzucker werden dringender benötigt. Ein Zuviel an Eiweiß und Mineralstoffen würde zum Entgleisen des Stoffwechsels führen, da dieser für ein schnelles Wachstum nicht eingerichtet ist. Um aus Kuhmilch industrielle Säuglingsnahrung herzustellen, muss die Kuhmilch so lange verdünnt werden, bis der Eiweiß- und Mineralstoffgehalt dem der Muttermilch gleicht. Anschließend werden alle anderen Nährstoffe wieder in ausreichender Menge hinzugefügt – ein hoch technisiertes Verfahren.

Welche Milch ist die richtige?

Industrielle Säuglingsnahrung, auch Formulanahrung genannt, wird folgendermaßen eingeteilt:

Säuglingsanfangsnahrungen sind Nahrungen mit der Bezeichnung „Pré" bzw. „Start" und „1er". Sie decken allein den Nährstoffbedarf eines gesunden Säuglings in den ersten 4–6 Lebensmonaten. Stammt das enthaltene Eiweiß ausschließlich aus Kuhmilch, dürfen Anfangsnahrungen auch „Säuglingsmilchnahrung" heißen. Wird für die Nahrung Sojaisolat oder ein Eiweißhydrolysat eingesetzt, ist die Bezeichnung „Säuglingsanfangsnahrung" verpflichtend.

Folgenahrungen sind Nahrungen mit der Bezeichnung „2er" und „3er", sie werden frühestens ab dem siebten Monat angeboten und sind Teil einer Beikost, da sie nicht alle für die kindliche Entwicklung notwendigen Nährstoffe enthalten. Stammt das Eiweiß ausschließlich aus Kuhmilch, so sprechen wir von einer Folgemilch, anderenfalls von einer Folgenahrung.

Was ist drin?

Die Diätverordnung legt für mehr als 30 Nährstoffe Mindest- und Höchstgehalte fest, daher sind die qualitativen Unterschiede zwischen den Produkten gering. Was den Gehalt an Pflanzenschutzmittelrückständen sowie die mikrobiologischen Verunreinigungen angeht, müssen die verwendeten Rohstoffe sehr hohe Anforderungen erfüllen. Der Markt bietet auch bei industrieller Säuglingsnahrung Produkte an, die gemäß der EU-Verordnung zum ökologischen/biologischen Landbau hergestellt werden. Farbstoffe, Geschmacksverstärker und Konservierungsstoffe sind verboten, natürliche Aromen, Aromaextrakte und naturidentische Aromastoffe sind erlaubt, werden aber nach einer freiwilligen Selbstverpflichtung der im Diätverband zusammengeschlossenen Hersteller nur in den Folgenahrungen eingesetzt. Sie sind im Zutatenverzeichnis angegeben und leicht zu erkennen. In der Anfangsnahrung Pré/Start ist nur Laktose (Milchzucker) als Kohlenhydrat erlaubt. In der 1er-Nahrung dürfen auch andere

Kohlenhydrate vorhanden sein, Saccharose (Haushaltszucker), Glukose (Traubenzucker) oder glutenfreie vorgekochte Stärke. Folgenahrungen dürfen zusätzlich auch noch Fruchtzucker (Fruktose) sowie Honig enthalten.

Was bietet der Markt für allergiegefährdete Kinder?

Seit vielen Jahren gibt es die HA-Nahrungen (HA steht für Hypo-Allergen oder Hypo-Antigen). HA-Nahrungen zeichnen sich dadurch aus, dass das Eiweiß aus Milch oder aus Soja so weit gespalten worden ist, dass es seine allergene Wirkung verliert. Der Darm des Säuglings erkennt dieses Eiweiß nicht mehr als Milcheiweiß. HA-Nahrung ist empfehlenswert, wenn von Anfang an nicht bzw. teilgestillt wird und wenn ein Elternteil oder ein Geschwisterkind eine Allergie in Form einer Neurodermitis oder einer Pollen-Allergie oder allergisches Asthma hat.

Was heißt „präbiotisch", was heißt „probiotisch"?

Zu den präbiotischen Zusätzen gehören Nährstoffe wie Frukto- und Galakto-Oligosaccharide (FOS und GOS). Sie dienen als Nahrung für die menschliche Darmflora und unterstützen so ihr Wachstum. Mit ihnen darf selbst bei Anfangsnahrungen mit dem Hinweis „mit GOS und FOS" geworben werden. Probiotischen Nahrungen werden zum Beispiel Milchsäurebakterien direkt mit dem Ziel zugegeben, die physiologische Darmflora zu verbessern.

Spezialnahrungen

Zum Beispiel kann aufgrund einer angeborenen Stoffwechselerkrankung eine spezifische Nährstoffzufuhr in Form einer Spezialnahrung notwendig sein, rechtlich gehören diese zu den Lebensmitteln für besondere medizinische Zwecke. Sie dienen ausschließlich der Ernährung von Patienten und sollen laut Gesetz nur nach Rücksprache mit dem Arzt und unter medizinischer Überwachung eingesetzt werden. Heute werden diese Spezialnahrungen zunehmend über den Einzelhandel vertrieben. Dort erhalten Sie vor allem diejenigen Produkte, die Hersteller bei sogenannten „leichten Befindlichkeitsstörungen" anbieten. Dazu gehört zum Beispiel die „AR-Nahrung" (Anti-Reflux-Nahrung) bei vermehrtem Spucken oder „Comfort-Nahrung" bzw. „Sensitiv-Nahrung" bei Blähungen oder milden Verdauungsstörungen. Viele verunsicherte Eltern fühlen sich schon bei der kleinsten „Normabweichung“ ihres Kindes von diesen Produkten angesprochen, ohne zu wissen, dass es sich hier nicht um eine normale Anfangsnahrung handelt. Der Hinweis „geeignet von Geburt an“ lässt einen Zweifel daran, dass die Produkte tatsächlich zur Behandlung einer Krankheit geeignet sind, da diese ja erst einmal auftreten und ärztlich diagnostiziert werden muss.

Was soll ich meinem Kind geben?

Ausnahmslos empfehlenswert als ausschließliche Nahrung im ersten Lebenshalbjahr sowie zur Begleitung der Beikost ist neben der Muttermilch lediglich die Pré-Nahrung bzw. die Pré-HA-Nahrung. Denn in der Pré-Nahrung ist als einziges Kohlenhydrat Laktose, die über die Ansäuerung des Darminhaltes dafür verantwortlich ist, dass Ihr Kind eine gute Darmflora aufbaut, die dann das Immunsystem stärkt. Das Kind sollte die Menge bestimmen, es gibt Phasen, in denen mehr/öfter getrunken werden muss, und Phasen, in denen Ihr Kind weniger/seltener Nahrung aufnimmt. Außerdem ist es im ersten Lebenshalbjahr normal und richtig, dass die Kinder auch in der Nacht trinken. Die vermeintlichen Vorteile der 1er-Nahrung sind rein psychologischer Natur. Der Energiegehalt der Pré- und der 1er-Nahrung ist praktisch gleich! Der eventuell erhöhte Kaseinanteil und der Stärkeanteil verlängern die Verweildauer im Magen und führen dadurch möglicherweise zu einer etwas längeren Sättigung. Der Nachteil allerdings ist, dass Säuglinge erst ab dem 5. Monat Stärke problemlos verstoffwechseln können und dass der hohe Kaseinanteil zu einem sehr zähen und festen Stuhl führt. Der positive Effekt der Laktose und des hohen Molkeproteingehalts aus der Pré-Nahrung auf die Darmflora ist bei der 1er-Nahrung nicht gegeben!

Wenn Sie sich und auch Ihr Kind vegan ernähren, bietet der Markt der industriellen Säuglingsnahrung keine Möglichkeit. Denn eine sojabasierte Säuglingsnahrung sollte erst frühestens ab dem 7./8. Monat für die Herstellung eines Getreidebreis Verwendung finden. Somit ist in der veganen Säuglingsernährung die Muttermilch die beste Wahl unter der Voraussetzung, dass Sie sich ausgewogen, vegan-vollwertig ernähren und Vitamin B_{12} substituieren.

Christian gibt Lotta die Flasche – wenn nicht gestillt wird

Christian und Katrin wissen, welche Säuglingsnahrung sie geben wollen. Das Wasser aus der Wasserleitung zu Hause ist geeignet. Doch es gibt noch einige Fragen.

Glasflaschen, Silikonsauger mit einem sehr kleinen Loch und einen Wasserkocher mit Temperaturvorwahl haben Katrin und Christian schnell gekauft. Den Vaporisator und den Flaschenwärmer brauchen sie jedoch nicht mehr.

Muss das Wasser abgekocht werden? Christian dreht den Kaltwasserhahn auf und lässt das Wasser ablaufen, bis kaltes Wasser aus der Leitung kommt, und muss es dann auf 30–40 °C handwarm erwärmen (denn warmes Wasser aus der Warmwasserleitung könnte verkeimt sein!). Zu Hause macht er das mit seinem neuen Wasserkocher, unterwegs kann er das kalte Wasser in die Glasflasche geben, diese dann im normalen Wasserkocher im Wasserbad erwärmen. Dazu stellt er den Wasserkocher einmal an und nimmt die Flasche, kurz bevor das Wasser kocht, heraus. Oder er nimmt abgekochtes Wasser in einer sauberen Thermoskanne mit.

Wie genau muss das Pulver dosiert werden? Christian misst das Pulver immer genau nach Packungsvorschrift ab, denn er will Lotta nicht überfüttern. Für unterwegs hat er eine kleine Frischhaltedose mit genau abgemessener Menge Pulver dabei.

Muss die Flasche aufgepeppt werden, damit Lotta satt wird und gut versorgt ist? Christian und Katrin haben sich erkundigt und immer wieder gehört, dass in Lottas Milchflasche keine weiteren Zusätze

hineindürfen. Heute ist die industrielle Säuglingsnahrung so gut, dass sie nicht aufgepeppt werden muss. Auch Oma Susis Schmelzflocken und Möhrensaft gehören nicht hinein!

Wie wird das Pulver aufbewahrt? Christian verschließt die angebrochene Pulverpackung mit einer Klammer und stellt sie in den dunklen, trockenen Küchenschrank. Das Pulver kann man, wenn es nur selten gebraucht wird, natürlich auch einfrieren.

Wie zaubert Christian aus Wasser und Pulver Milch? Christian gibt das Pulver in das warme Wasser, verschließt die Flasche gut, hält den Sauger zu und schüttelt so lange, bis das Pulver sich vollständig aufgelöst hat und sich die Luftbläschen aufgelöst haben.

Wie gibt Christian die Flasche? Bevor die beiden es sich gemütlich machen und beginnen, überprüft Christian noch einmal die Temperatur der Milch, indem er ein paar Tropfen auf seinen Handrücken gibt. Er nimmt Lotta dann in den Wiegegriff – genau so wie Katrin beim Stillen – ganz fest an seinen Bauch und freut sich über den intensiven Blickkontakt. Damit Lotta nicht zu viel Luft schluckt, achtet Christian vor dem ersten Ansetzen darauf, dass der Sauger vollständig mit Milch gefüllt ist. Wichtig ist ihm auch, Lotta abwechselnd rechts und links zu halten, so wie es Katrin auch machen würde, wenn sie stillte.

Was macht Christian mit dem Rest, den Lotta nicht getrunken hat? Auch wenn Christian es schwerfällt, aber die Milch, die Lotta nicht sofort trinkt, schüttet er immer weg, da ihm klar ist, dass lauwarme Milch ein idealer Nährboden für Keime ist. Deswegen bereitet er die Milch auch immer frisch zu – lieber zwei Mal eine kleine Menge als eine zu große und nie auf Vorrat (Flaschenwarmhalter und Isolierbehälter sind gefährlich)!

Müssen Flasche und Sauger ausgekocht werden? Wenn Christian die Flasche mit der Flaschenbürste oder in der Spülmaschine und den Sauger gut mit heißem Wasser spült, reicht das aus. Er ist froh darüber, dass er sich das umständliche Auskochen und Sterilisieren der Flaschen und Sauger sparen kann. Die gespülte Flasche und den Sauger legt er auf ein sauberes Küchentuch und deckt sie mit einem anderen ab. Sie leisten sich auch immer wieder einmal einen neuen Sauger.

Wie machen Christian und Katrin es in der Nacht? Am Abend gibt Christian die genau abgemessene Menge Pulver in die Flasche und verschließt sie gut. Mit abgekochtem

Wasser aus der Thermoskanne auf dem Nachttisch hat er die Flasche in der Nacht schnell „zusammengeschüttelt“.

Wie machen sie es unterwegs? Das funktioniert genauso wie in der Nacht. Eventuell nutzen sie Portionsbehälter für das Pulver, damit die Zubereitung unterwegs genauso sicher funktioniert wie zu Hause.

Lotta bekommt von der Flasche Verstopfung/Blähungen. Damit Lotta nachts länger durchhält, haben Christian und Katrin sich überlegt, für den Abend eine 1er-Flasche zuzubereiten. Auch wenn der Hersteller verspricht, dass Lotta damit durchschläft, funktioniert hat es nicht, dafür hat Lotta eine Verstopfung bekommen. Sie hat dann ein paar Tage 2-mal täglich einen halben Teelöffel Öl in die Flasche bekommen.

Blähungen bekommen Christian und Katrin schnell kuriert, indem sie statt Wasser Fencheltee (aus der Apotheke oder aus dem Bioladen) in die Flasche geben. Auch achten sie darauf, dass Lotta nicht zu hastig trinkt und genügend „Bäuerchen“ macht. Regelmäßige Massagen und das Tragen im Tragetuch verhindern auch oft das Auftreten von Blähungen. Sie haben Lotta auch einmal eine probiotische Nahrung gegeben und auch eine Comfort-Nahrung, beide Spezialnahrungen haben Lotta nicht geholfen.

Wasser aus der Wasserleitung oder Mineralwasser? Katrin und Christian haben ganz einfach im Internet auf der Seite ihres Wasserversorgungsunternehmens die Analysewerte gefunden. Zusätzlich konnten sie dort eine spezielle Analyse mit den für die Zubereitung von Säuglingsnahrung wichtigen Werten finden. Bei Oma Susi (die hat noch Brunnenwasser aus dem eigenen Brunnen) und im Urlaub haben Katrin und Christian für die Flasche lieber ein Mineralwasser genommen, das auf dem Etikett die Aufschrift „Für die Zubereitung von Säuglingsnahrung geeignet“ trägt.

Beim Wasser für die Zubereitung von Säuglingsnahrung gelten folgende Werte:

Salz	Gehalt
Nitrat	‹ 10 mg/l
Nitrit	‹ 0,02 mg/l
Natrium	‹ 20 mg/l
Sulfat	‹ 240 mg/l
Chlorid	‹ 25 mg/l
Fluorid	‹ 0,7 mg/l
Uran	‹0,002 mg/l

Industrielle Säuglingsnahrung im Überblick

Produkt	Beschreibung	Einsatz	Bewertung	Begründung
Anfangsnahrung Pré/Start	auf der Basis von Kuhmilch oder Sojaeiweiß hergestellte Nährstoffmischung, im Eiweiß angepasst, hoher Molkeeiweißanteil, ausschließlich Laktose, dünnflüssig	von Geburt an, ausschließliche Nahrung für das erste Lebenshalbjahr, im zweiten Lebenshalbjahr als Teil einer vollwertigen Beikost, nach Bedarf	empfehlenswert	weitgehend optimaler Nährstoffgehalt, angepasst an die Muttermilch, fördert über die Laktose ein gutes Darmmilieu
Anfangsnahrung, 1er-Nahrung, auch Dauernahrung genannt	wie Pré, evtl. höherer Casein-Anteil, 2 % Stärke und andere Zucker erlaubt, sämig	ab der ersten Woche das ganze erste Lebensjahr, genau nach Packungshinweis füttern	bedingt empfehlenswert	Evtl. Überernährung bei nicht genauer Einhaltung der Tagestrinkmenge, stuhlfestigend
Folgenahrung, 2er-Nahrung	enthält mehr Eiweiß, Mineralstoff, Zucker, weniger Fett, ähnlich der Kuhmilch, eventuell aromatisiert, dickflüssiger	ab dem 7. Monat als Teil einer Beikost, genau nach Packungshinweis füttern	nicht empfehlenswert	Überernährung möglich, Belastung der Nieren, Süße und Aroma erschweren die Umstellung auf Kuhmilch ab dem ersten Lebensjahr
HA-Nahrung Pré/Start	wie Pré, das Eiweiß ist stärker gespalten (teilhydrolysiert), leicht bitterer Geschmack	von Anfang an nur bei allergiegefährdeten Kindern, wenn nicht gestillt wird oder als Ergänzung zur Muttermilch	empfehlenswert für allergiegefährdeten Kinder, wenn nicht gestillt oder nur teilgestillt wird	weitgehend optimaler Nährstoffgehalt angepasst an die Muttermilch, fördert ein gutes Darmmilieu

Produkt	Beschreibung	Einsatz	Bewertung	Begründung
HA1	analog zur 1-er-Nahrung	...	...	...
HA2	analog zur 2er-Nahrung	...	...	...
präbiotische Nahrung	wie Pré, mit Zusatz von Polysacchariden GOS und FOS	von Anfang an zur Prävention von Durchfallerkrankungen und zum Aufbau einer physiologischen Darmflora	bedingt empfehlenswert	nach derzeitigem Stand der Wissenschaft kein nachweisbarer Vorteil
probiotische Nahrung	wie Pré mit Zusatz von probiotischen Keimen (z. B. Milchsäurebakterien)	wie bei präbiotischer Nahrung	...	...
Spezialnahrungen für leichte Befindlichkeitsstörungen	spezielles Nährstoffgemisch mit Zusätzen z. B. von Johannisbrotkernmehl	von Anfang an möglich, nur nach Rücksprache mit dem Arzt	punktueller Einsatz, keine Dauernahrung, bedingt empfehlenswert	Befindlichkeitsstörungen können auch mit ärztlicher Hilfe oder Unterstützung durch Hebamme und Ernährungsberater über Tees, Massagen oder Homöopathie gelindert werden
Spezialnahrung, therapeutische Nahrung	auf spezielle Bedürfnisse abgestimmtes Nährstoffgemisch	von Anfang an nach ärztlicher Diagnose mit medizinischer Kontrolle	empfehlenswert	

Beikost in Beziehung

Der Weg von der Milch zur Familienkost führt über die Beikost – ein Beziehungs- und Lernspiel für alle Beteiligten.

Was heißt eigentlich „Beikost"?

Beikost ist der langsame Übergang von flüssiger Milchnahrung über eine halbfeste, mus- bzw. breiartige Nahrung hin zum Essen am Familientisch.

Wenn Sie beginnen, Ihrem Kind festes Essen anzubieten, geht es nicht nur allein darum, dass das Kind etwas anderes zu essen bekommt, sondern auch darum, dass sich die Art und Weise der Nahrungsaufnahme ändert: vom lustvollen instinktiven Saugen von Milch hin zum bewussten Abschlucken fester Nahrung bzw. selbstständigen Essen mit der Hand. Gleichzeitig bedeutet Beikost die Reduktion des Wassergehaltes in der Nahrung zugunsten von mehr komplexen Kohlenhydraten und Ballaststoffen.

Zu Beginn ergänzt die Beikost die Milch, ersetzt sie aber noch nicht. Satt wird Ihr Kind am Anfang immer noch durch die Milch, später erst durch die neu hinzugekommenen Muse/Breie. Der englische Begriff „educational diet" bringt es auf den Punkt. Daher reichen zu Beginn auch kleine Portionen Beikost aus. Es handelt sich um eine Gewöhnung an die feste Nahrung und um eine langsame Ablösung der Milch. Dieser Prozess sollte von Ihrem Kind bestimmt werden, unabhängig von Alter, Tageszeit und Mengen.

Der Energie- und Nährstoffbedarf Ihres Säuglings ist zu Beginn seines Lebens sehr hoch, er befindet sich im Aufbaustoffwechsel. Die Muttermilch deckt ihn problemlos. Da die Beikost zusätzlich noch Ballaststoffe und komplexe Kohlenhydrate enthält und so ein viel größeres Volumen einnimmt, der Magen aber in Relation dazu sehr klein ist (der Magen ist etwa so groß wie die Faust des jeweiligen Essers), ist der Anspruch an den Energiegehalt und die Nährstoffdichte bei den Beikostmahlzeiten sehr hoch. Dies erklärt auch die in den Rezepten verwendeten relativ hohen Fettmengen.

Beikost als Beziehungs- und Lernspiel

Beikost bedeutet: anbieten, freudig und gespannt anschauen, was passiert. Mit der Zeit der Beikost beginnt eine neue Dimension der Eltern-Kind-Beziehung: gegenseitiges Kennenlernen, indem Vorlieben und Gewohnheiten für bestimmte Lebensmittel, deren Geruch, Geschmack, Farbe und Konsistenz ausprobiert und gelernt werden. In den Anfängen der Beikosteinführung steht das Zusammenspiel zwischen Ihnen und Ihrem Kind, das heißt, das Aufeinanderreagieren, im Vordergrund.

An dieser Stelle möchte ich betonen, dass Eltern nicht nur auf Kinder reagieren, sondern Kinder auch auf das Verhalten der Eltern reagieren. Freudig gestimmte und entspannte Eltern, die ganz ohne Leistungsdruck an die Sache herangehen, motivieren ihr Kind am besten, mitzumachen, was die Eltern wiederum positiv stimmt. Diese positive Grundeinstellung ermöglicht es auch, dass an Tagen, an denen das Kind aus welchen Gründen auch immer nicht so isst, wie Sie es sich vorstellen, bei beiden Seiten keine negativen Gefühle zurückbleiben. Dann wird das „Nichtessen" bei dem Kind nicht als Rückschlag/-schritt von den Eltern verbucht. Sie haben die Chance, die nächste Mahlzeit wieder unvoreingenommen und freudig anzugehen. Vielleicht hilft es Ihnen, dies als Spiel zu sehen – Essen ist am Anfang ein Spiel und das Spiel ist in den nächsten Jahren die Lernform Ihres Kindes. Kinder spielen immer einmal anders, intensiver und weniger intensiv. Und auch hier gilt: Für gutes und erfolgreiches Ler-

Gemütliches Löffeln auf dem Schoß

Bislang hat Ihr Kind das Essen immer mit intensivem Körperkontakt verbunden und genossen. Sie erleichtern Ihrem Kind den Übergang zur Beikost, wenn Ihr Kind die Mahlzeit zunächst liebevoll gehalten auf Ihrem Schoß einnehmen darf, was auch noch in den nächsten Jahren phasenweise Normalität ist.

nen braucht es positive Gefühle, Wiederholung und die Einbeziehung aller Sinne.

Reif für die Beikost?

Die allgemeinen Empfehlungen (Beikosteinführung ab dem 5. und spätestens bis zum 7. Monat) beziehen sich allein auf die Altersangabe des Kindes, das heißt auf die im Durchschnitt zu diesem Zeitpunkt ausgereiften Verdauungsorgane, berücksichtigen aber weder den physischen Entwicklungsstand Ihres Kindes noch das psychische Wohlbefinden oder die Bereitschaft der Eltern in Bezug auf die Beikost ihres Kindes.

Vielleicht sind Sie auch schon über den Begriff der „Beikostreife" eines Säuglings im Zusammenhang mit dem richtigen Zeitpunkt für den Beginn der Beikost gestolpert. Dort werden zum einen körperliche Kriterien herangezogen wie z. B., wenn der erste Zahn gekommen ist, oder auch, dass Ihr Kind sitzen kann, zum anderen aber auch Beobachtungen, dass die Kinder Ihnen das Glas aus der Hand reißen, jeden Bissen der Eltern verfolgen und die entsprechende Mundbewegung dazu machen. Letzteres Kriterium gilt nicht, da die Kinder die größten Nachmacher der Welt sind. Sie machen uns alles nach, so auch die Kau- und Schluckbewegungen, das ist ihre Art zu lernen. So können sie zu diesem Zeitpunkt nicht wissen, dass wir über den Verzehr eines belegten Brötchens Sättigung erfahren. Das Einzige, was sie darüber erspüren können, ist, dass wir mehrmals am Tag Spaß und Befriedigung beim Essen haben. So werden von Eltern sehr häufig angebliche Signale des Kindes – „der schaut mir jeden Bissen nach“ –, dass es essen will, fehlinterpretiert. Die zwangsläufige Enttäuschung der Eltern ist dann sehr groß, wenn das Kind trotz der vermeintlich eindeutigen Signale den ersten Brei dann doch wiederholt verweigert – man hat aneinander vorbeikommuniziert. Auch die zu Beginn genannten Kriterien, dass die Kinder einen Zahn haben sollen oder sitzen können müssen, sind untauglich. Es gibt Kinder, die bei der Geburt bereits Zähne haben, und andere, die erst im zweiten Lebensjahr den ersten Zahn bekommen. Sitzen können Kinder erst dann, wenn sie sich selber hinsetzen können, und das ist im Schnitt gegen Ende des zweiten Lebenshalbjahrs und hat nichts damit zu tun, ob die Verdauungsorgane reif sind für die Beikost.

Sie können davon ausgehen, dass die Verdauungsorgane ab dem fünften Lebensmonat so weit entwickelt sind, dass feste Nahrung ohne Probleme verdaut und verstoffwechselt werden kann und die Reste wieder ausgeschieden werden können. Sie können später mit der Beikost anfangen, früher aber auf keinen Fall! Der einzige äußerliche Hinweis darauf, dass Ihr Kind körperlich reif ist für die Beikost, ist, dass Ihr Kind seinen Kopf halten und kontrollieren können muss und dass es sich möglichst vom Rücken auf den Bauch drehen kann. Erst ab diesem Zeitpunkt funktioniert die orale Motorik, das Abschlucken fester Nahrung.

Der richtige Zeitpunkt?

Ich wünsche mir für Sie und Ihr Kind, dass Sie gemeinsam den richtigen Zeitpunkt für den Beginn der Beikost finden. Gehen Sie mit Ihrem Kind in den Dialog und erspüren Sie den für Sie beide optimalen Zeitpunkt. Stellen Sie sich darauf ein, den für Sie gerade optimalen Zeitpunkt vielleicht nach ein paar Tagen zu revidieren, um sich dazu zu entschließen, sich erneut auf die Suche nach einem neuen Termin zu begeben. Das schadet nicht und hilft Ihnen nur, Ihr Kind noch besser kennenzulernen.

Im Folgenden nenne ich Ihnen einige wesentliche Hinweise, die Ihnen helfen, diesen „richtigen“ Zeitpunkt gemeinsam zu finden. Hier lenke ich das Augenmerk weniger auf Ihr Kind mit seinen physiologischen Reifezeichen, sondern mehr auf den individuellen Entwicklungsstand und

Ihre Bereitschaft, sich als Eltern mehr und mehr von der Säuglingszeit zu verabschieden:

- Wenn Sie Ihr Kind stillen, müssen Sie sich genau darüber klar sein, wann Sie bereit sind, Ihre „Monopolstellung“ aufzugeben. Beikosteinführung heißt hier auch, ein Stück loszulassen.
- Wählen Sie einen Zeitpunkt aus, an dem Sie wissen, dass Sie in den nächsten 14 Tagen Zeit und Ruhe haben für dieses Experiment, denn es braucht Zeit, bis Sie, Ihr Kind, evtl. der Löffel und das Gemüsemus zueinanderkommen.
- Ihr Kind sollte gesund und fit sein, nicht durch Erkältung oder Magen-Darm- oder sonstige Beschwerden (z. B. Zahnen) beeinträchtigt sein.
- Bedenken Sie, dass die Aufnahme der Beikost ein großer Entwicklungsschritt ist. Ist Ihr Kind gerade dabei, andere wichtige Entwicklungsschritte zu gehen, könnte es sein, dass es für die Beikost den Kopf nicht frei hat. Dies könnte zum Beispiel heißen, dass Ihr Kind gerade lernt, in den Vierfüßlerstand zu gehen, oder gerade die Eingewöhnung bei der Tagesmutter erlebt oder ..., oder ..., oder .... Ihr Kind kann nur einen großen Entwicklungsschritt gehen und leben, mit zweien ist es in der Regel überfordert.

Jedes Kind fängt also zu einem anderen, genau passenden Zeitpunkt mit der Beikost an, unabhängig davon, was die Institutionen, die Ärzte, Ernährungsberater, Hebammen oder die WHO gerade empfehlen. Sie als Eltern bestimmen den Zeitpunkt der Einführung der Beikost.

Konserve oder frisch?

Die Industrie macht viel Werbung für ihre Konserven mit Säuglingsnahrung – und auch Gewinne damit. Ich mache Werbung dafür, selber zu kochen – zugunsten Ihres Kindes, Ihrer Familie und der Beziehung zum Essen und untereinander! Ihr Kind liebt seit der Schwangerschaft nur Slow Food, warum soll es jetzt Fast Food bekommen?

Auf der Suche nach der richtigen Ernährung für das eigene Kind stolpert man über manch fragwürdige Empfehlung, aus Büchern, Internet-Foren, Infoheften der großen Institutionen und der Industrie. Sie alle wollen Ihnen die Entscheidung, wie Ihr Kind ernährt werden soll, abnehmen. Viele verfolgen neben dem Ziel, Ihr

Kind optimal zu ernähren, auch eigene Ziele. Es gibt einige Übereinstimmungen, aber wesentlich mehr Widersprüche. Allein die Frage, von wem die Beikost hergestellt werden sollte, von der Industrie oder von den Eltern, wird selten ganzheitlich diskutiert. Entweder werden nur die Bedürfnisse des Kindes in Hinblick auf eine keimfreie Ernährung betrachtet oder die Ängste der Eltern in Bezug auf eine gesundheitsförderliche Ernährung stehen im Vordergrund. Ich möchte bei der Frage, ob Konserve oder frisch zubereitet, die Bedürfnisse der Kinder und Eltern auf dem Weg zu einer gesunden Familienernährung berücksichtigen.

Was heißt eigentlich „kontrolliert“?

Nimm das Industrielle, das ist so kontrolliert! Vielen Eltern reicht diese Aussage als Entscheidungsgrundlage, ohne dass sie diese hinterfragen.

Belastung mit Nitrat

Nitrat ist eine Stickstoffverbindung, die jede Pflanze zum Wachstum benötigt. Nitrat an sich ist unbedenklich. Aus Nitrat kann in Lebensmitteln (z. B. beim langsamen Abkühlen oder Warmhalten oder auch im Magen) Nitrit entstehen. In den ersten fünf Lebensmonaten kann eine zu hohe Aufnahme von Nitrit bedenklich sein, da Nitrit den Sauerstofftransport über das Blut behindert. Ab dem sechsten Lebensmonat kann diese mögliche Verbindung zwischen Nitrit und den roten Blutkörperchen verhindert werden. Auch die Magensäureproduktion ist so weit entwickelt, dass eine Umwandlung von Nitrat in Nitrit im Magen reduziert wird.

Belastung mit Pflanzenschutzmitteln

Den Anteil der Pflanzenschutzmittel können Sie bestimmen. Kaufen Sie Ihr Obst und Gemüse saisonal und regional aus kontrolliert biologischem Anbau – dort gibt es keinerlei Einsatz synthetischer Pflanzenschutzmittel. Saisonales und regionales Gemüse aus konventionellem Anbau benötigt nur einen mittleren Einsatz synthetischer Pflanzenschutzmittel. Bei nicht saisonalem und nicht regionalem Gemüse (Gurken zur Weihnachtszeit) müssen Sie mit hohen Rückständen synthetischer Pflanzenschutzmittel rechnen.

Für die Beikost sind Obst und Gemüse aus kontrolliert biologischem Anbau sehr empfehlenswert. Saisonales und regionales Obst und Gemüse aus konventionellem Anbau sind auch geeignet für die Beikost. Entscheidend sind immer die Frische und die sachgerechte Zubereitung.

Lotta lernt essen

Der Geschmack ist das eine, daran gewöhnt sich Lotta. Die Technik, wie Lotta das Essen nimmt und abschluckt, ist das andere und muss gelernt werden.

Das Gemüsemus ist fertig zubereitet, auch das Essen für Katrin und Christian. Alle drei setzen sich an den Tisch, Lotta sitzt auf Katrins Schoß und vor ihnen steht ein Teller mit Lottas Gemüsemus und Katrins Essen.

Lotta macht den Mund nicht auf! Sie presst die Lippen zusammen – nichts geht.

Was ist los? Ist Lotta müde oder zu hungrig? Oder weiß sie einfach nicht, was das Ganze soll? Katrin hat gleich versucht, Lotta als Erstes etwas Gemüsemus anzubieten. Das war vielleicht zu viel für Lotta, jetzt macht sie es anders. Sie fängt erst einmal selber an zu essen, dann erst bietet sie Lotta etwas an. Manchmal nimmt Lotta etwas, manchmal auch nicht. Wenn Lotta die Lippen zusammenpresst und signalisiert „Ich möchte jetzt nicht essen“, dann kommentiert Katrin das mit „Ich sehe, du möchtest nicht essen“ und lässt Lotta in Ruhe. Katrin isst dann selber weiter, unterhält sich mit Christian und nicht selten überlegt Lotta es sich dann doch anders.

Etwas Brei ist im Mund – aber Lotta spuckt ihn wieder aus!

Was ist los? Mag Lotta das Gemüse nicht? Ist es nicht fein genug püriert? Oder ist der Löffel nicht voll genug?

Christian hat das Gemüse sicherlich mit dem Gemüsewasser gut püriert – es hat zwar eine andere Konsistenz als die Milch, der Geschmack ist aber fein und süßlich. Vielleicht sollte Katrin aber mutig sein und beim nächsten Löffel diesen gut füllen, damit bei Lotta der Schluckreflex ausgelöst wird und Lotta das Gemüsemus nicht als gefährlichen Fremdkörper, den man ausspucken muss, empfindet.

Lottas Mund ist gut gefüllt – aber Lotta schiebt das Gemüse mit der Zunge nach draußen!

Was ist los? Schmeckt das Gemüse nicht? War der Löffel zu voll?

Es kann sein, dass Lottas Zungenstreck- und Zungenstoßreflexe noch zu stark ausgebildet sind. Diese brauchen Zeit, um sich zurückzubilden. Katrin kann immer wieder versuchen, Lotta das Essen anzubieten, auch wenn sie das Essen immer wieder nach vorne schiebt. Solange beide fröhlich bleiben, ist alles in Ordnung. Katrin hat einmal das Mus auf ihren kleinen Finger getan, davon lutscht Lotta das Gemüse schon sehr gut ab.

Belastung mit Schadstoffen

Viele Eltern denken, Gläschenkost sei kontrollierter. Sie haben Angst davor, dass die selbst hergestellte Beikost einen zu hohen Gehalt an Schadstoffen aufweisen könnte. Aber Schadstoffe aus Luft und Boden sind nicht zu umgehen. Sie sind enthalten im Obst und Gemüse aus kontrolliert biologischem Anbau, aus konventionellem Anbau und auch in der industriell hergestellten Beikost. Der geringste Teil der Schadstoffe, die Ihr Kind aufnimmt, wird über die Nahrung aufgenommen. Hier ist falsche Hysterie zwar ein gutes Werbeargument, entspricht aber nicht der Wirklichkeit. Ein Spaziergang im Buggy durch die City – was Ihr Kind da an Schadstoffen über Haut und Lunge aufnehmen muss, ist nicht zu vergleichen mit dem Schadstoffgehalt einer konventionellen Karotte.

Reicht der Nährstoffgehalt?

Viele Eltern, vielleicht auch Sie, haben Angst davor, dass selbst hergestellte Beikost weniger Nährstoffe enthält als industrielle Nahrung, sodass das Kind dadurch eine Mangelernährung erleiden könnte. Dies liegt aber in der Hauptsache nur daran, dass die auf dem Markt gekaufte Möhre im Gegensatz zu der verarbeiteten und im Gläschen konservierten Möhre aus dem Supermarktregal keine Aufschlüsselung ihrer Inhaltsstoffe hat. Letztere muss aus gesetzlichen Gründen ihre natürlichen und zugesetzten Inhaltsstoffe ausweisen. Sollten Sie zu den Eltern gehören, die kein Vertrauen in ihre eigene Kochkunst haben, dann freuen Sie sich auf den Praxisteil dieses Buches, in dem es mir hoffentlich gelingt, Ihnen dieses Vertrauen zu schenken. Dort lesen und erfahren Sie, wie einfach es ist, schmackhafte und wertvolle Beikost für Ihr Kind herzustellen. Hierzu bedarf es keiner speziellen Kochkünste.

Was spricht für Gläschen?

Sicherlich eine ganz einfache Handhabung. Wenn Sie sich einmal durch den Dschungel des Angebotes im Drogerie- oder Supermarkt gekämpft haben, das Produkt Ihrer Wahl gefunden haben, dann müssen Sie es zu Hause nur erwärmen, öffnen und Ihrem Kind anbieten. Sie können Gläschen ohne Probleme auf Vorrat kaufen, sie halten sich in der Regel länger, als die Beikostzeit dauert. Alle Produkte weisen eine Liste der nach ihrem prozentualen Anteil geordneten Zutaten auf. Zusätzlich können Sie leicht die Mengenverhältnisse zwischen Eiweiß, Fett, Kohlenhydraten sowie den Gesamtenergiegehalt erkennen. Die industriell hergestellte Beikost unterliegt der neuen Rahmenverordnung (EU) Nr. 609/2013. Damit haben Sie die Gewissheit, dass pro Kilogramm Obst und Gemüse niemals mehr als 200 mg Nitrat und 0,01 mg Pflanzenschutzmittelrückstände enthalten sind.

Was spricht für Selbstgekochtes?

Frischer geht es nicht

Selbst hergestellte Beikost – frischer geht es nicht! Der Zeitaufwand für die selbst hergestellte Beikost ist sehr gering, wie Sie im Rezeptteil sehen werden (Gemüse-Kartoffel-Mus: 13 Minuten, Obst-Getreide-Brei: 2 Minuten, Milch-Getreidebrei: 2–5 Minuten, und dafür müssen sie kein Profi sein). Dennoch finden Sie im Rezeptteil einen Vorschlag, wie Sie bei Bedarf die Beikost auf Vorrat zubereiten können, diese ist trotzdem um ein Vielfaches frischer als die industriell hergestellte Beikost. Industriell muss das Gemüse- bzw. Obstmus nach dem Garen und Pürieren zusätzlich im Glas sterilisiert werden, damit es über Monate bei Zimmertemperatur keimfrei bleibt. Die schonenden Methoden der Haltbarmachung, also die Methoden, die ohne Hitze auskommen, sind für Kinder nicht geeignet. Früchte in Alkohol oder Zucker, Gemüse sauer eingelegt, Kräuter in Öl, Fleisch und Fisch gesalzen und geräuchert, diese Methoden helfen aufgrund der zugesetzten Stoffe nicht weiter.

Für die Beikost können Sie zu Hause die wesentlich schonendere Methode des Einfrierens verwenden. So setzen Sie das Gemüse nur einer insgesamt sehr kurzen nährstoffschonenden Erhitzungszeit aus und der Gehalt an Vitaminen, sekundären Pflanzenstoffen und Ballaststoffen bleibt durch das Einfrieren ebenfalls gut erhalten. Mittlerweile bieten einige Bio-Supermärkte und Internethändler TK-Beikost an. Diese ist aber unverhältnismäßig teuer.

Saisonal und regional

Von Beginn an können Sie Ihr Kind mit saisonalem und regionalem Gemüse und Obst verwöhnen. Dies ist auch aus ökologischen Gründen sinnvoll. Sie unterstützen so die heimische Landwirtschaft und der Gehalt an sekundären Pflanzenstoffen ist höher, der Nitratgehalt niedriger. Die Industrie ist aus wirtschaftlichen Gründen gezwungen, ihre Zutaten dort einzukaufen, wo sie am preisgünstigsten sind. Lediglich die Anbauweise ist bekannt.

Ohne Zusätze

Ein weiterer Vorteil ist, dass Sie genau wissen, welche Zutaten Sie verwenden – Zusätze wie z. B. Salz sind nicht erforderlich. Bei industriellen Produkten werden immer Zusätze verwendet. Dazu gehört, dass die meisten Produkte vitaminisiert werden müssen, da die Verluste an Vitaminen, die bei der Produktion entstehen, ausgeglichen werden müssen. Ein Großteil der Gemüsezubereitungen wird gesalzen. Ein Kind sollte aber im ersten Lebensjahr keine gesalzene Nahrung bekommen, da die kindliche Niere mit dem Salz noch nicht zurechtkommt (kleine Mengen Salz in Brot bzw. Nudeln sind unproblematisch). Obstmuse und Obst-Getreide-Breie werden sehr häufig gesüßt, in der Zutatenliste werden Sie allerdings das Wort „Zucker“ nicht finden. Häufig genutzte Süßungsmittel sind hier Birnendicksaft, Traubenfruchtsüße oder Apfelkonzentrat – dies ist jedoch nichts anderes als Zucker. Bindemittel wie Reisstärke, Reismehl oder auch Kartoffelstärke sind ernährungsphysiologisch für das Kind unproblematisch, verändern allerdings deutlich die Konsistenz und liefern mehr Energie.

Selbst gekocht – halb so teuer

Selbst hergestellte Beikost hilft zu sparen (ca. 100 Euro pro Monat!). Sie ist weniger als halb so teuer wie die industrielle Beikost. Auch der Energieeinsatz für Transport und Verpackung ist deutlich geringer.

Einfalt statt Vielfalt

Das vielfältige industrielle Angebot (es gibt weit mehr als 500 Produkte am Markt) für Kinder im ersten Lebensjahr lässt vermuten, dass auch hier wie für den Bereich der Ernährung der Erwachsenen Vielfalt mit Ausgewogenheit und einem hohen Gesundheitswert verbunden wird. Aber für ein Kind im ersten Lebensjahr gilt ganz klar das Motto „Einfalt statt Vielfalt“. Wenn Ihr Kind bis zum ersten Geburtstag drei bis fünf verschiedene Gemüsearten und zwei bis drei Obstarten kennen- und lieben gelernt hat, ist es schon richtig gut. Mehr Auswahl darf sein, muss aber nicht sein. Sie werden selbst ein Gespür dafür bekommen, wie vielfältig das Angebot für Ihr Kind sein darf. Da die meisten Kinder ja anfänglich, wenn es um das Essen geht, vor allen Dingen mit der Technik des Essens beschäftigt sind, würde sie ein vielfältiges Geschmacksangebot nur noch mehr überfordern. Ein „einfältiges“ Angebot fördert das Gewöhnungsprogramm, da es die Konzentration auf das Wesentliche schärft. Die kleinen Geschmacksabweichungen, die durch die Selbstzubereitung entstehen, sind viel besser geeignet, den Geschmackssinn Ihres Kindes zu fördern. Das Möhrenmus, das Sie heute zubereiten, schmeckt anders als das, das Sie morgen zubereiten werden.

Essen mit allen Sinnen

Mit der häuslichen Beikost fördern Sie das Essen mit allen Sinnen. Ihr Kind lernt im ersten Lebensjahr allein über die Sinne, nicht über seinen Verstand, das kommt später! Wenn Sie zum Beispiel mit der Zubereitung des Möhrenmuses beginnen, nehmen Sie eine Möhre, putzen und säubern Sie sie und bieten Sie sie anschließend Ihrem Kind an. Ihr Kind wird ganz begeistert davon sein, wird die Möhre drehen und wenden, daran lutschen und saugen, das heißt, es wird sie regelrecht „begreifen“. In der Zeit garen Sie eine Möhre, anschließend wird sie püriert und dann geschmeckt. Ihr Kind hat die Möhre und ihre Zubereitung über alle Sinne erfahren. Spätestens nach einer Woche weiß Ihr Kind: „Immer dann, wenn ich die Möhre in die Hand gedrückt bekomme, riecht es gut, es klappert in der Küche und ich bekomme bald mein Essen.“ Somit lernt Ihr Kind sehr schnell, sich auf ein Essen zu freuen und Speichelfluss zu entwickeln, sodass sich die Verdauungsorgane vorbereiten können.

Öffnen Sie nur ein Glas, bleiben Ihrem Kind maximal 15 Sekunden nach dem „Klick“ und die Sinnlichkeit bleibt auf der Strecke. Ihr Kind lernt so auch, dass bei Ihnen noch gekocht wird und dass es zu Hause kein „fast food“ gibt.

Wenn das Essen einmal mit der von Ihnen gewählten Gemüseart klappt, können Sie das Gewöhnungsprogramm mit anderen Gemüsearten weiterführen. Die Wahrscheinlichkeit, dass Ihr Kind am ersten Geburtstag, wenn Sie ihm das Gemüse in Röschen-, Scheiben- oder Stäbchenform unpüriert anbieten, dieses wiedererkennt und lustvoll zugreifen wird, ist groß. Somit ist die Selbstzubereitung der Beikost eine ganz wichtige Schulung des Geschmackssinns als Vorbereitung auf die Kleinkindernährung. Kinder, die sechs Monate lang das Gemüse aus dem Glas bekommen haben, sitzen am ersten Geburtstag häufig ratlos vor dem Gemüseteller, ganz nach dem Motto „Das habe ich noch nie gesehen, gerochen, geschmeckt. Warum soll ich das jetzt essen?“. Hier wird schnell das Vorurteil „Kinder essen kein Gemüse“ bestätigt.

Liebe geht durch den Magen

Ein letzter Punkt, der mir sehr wichtig ist, ist der emotionale Wert der selbst hergestellten Beikost. Liebe geht nach wie vor durch den Magen; so haben Sie mit dem mit Liebe zubereiteten und wohlschmeckenden Gemüsemus eine ganz andere „Verkaufsstrategie“ gegenüber Ihrem Kind als mit einem auf die Schnelle aufgewärmten Gemüsegläschen. In den letzten Jahren konnte ich immer feststellen, dass die jungen Eltern, die selbst mit industrieller Beikost aufgewachsen sind, Vorlieben für industriell hergestellte Obst- und Milchbreie haben, aber auch bestätigen, dass sie zu süß sind. Gleichzeitig empfinden sie aber industriell hergestellte Gemüse- bzw. Gemüse-Fleisch-Produkte im Vergleich zum selbst hergestellten Mus als ungenießbar. Ihr Kind hat ein feines Gespür dafür, ob Sie von einer Sache überzeugt sind oder nicht. Denn entscheidend für den Aufbau einer Essbeziehung Ihres Kindes ist die positive Beziehung, die Sie zu diesen Lebensmitteln haben.

Essen vom Löffel, trinken aus dem Glas

Das Saugen wird durch den Saugreflex gesteuert und ist allen Säugetieren angeboren. Dieser Reflex gehört zu den primären Reflexen, ähnlich wie z. B. der Greifreflex. Diese Reflexe sind bei manchen Kindern stärker, bei anderen schwächer ausgeprägt und verlieren sich im Laufe der Zeit.

Da die Nahrungsaufnahme direkt nach der Geburt lebensnotwendig ist, wird sie durch Reflexe gesteuert. Das Löffeln, also die Aufnahme von halbfester Nahrung mit einem Löffel, muss im Gegensatz zum Saugen gelernt werden. Die Praxis des Löffelnlernens ist aber relativ einfach zu verstehen, wenn wir wissen, wie der Saugvorgang funktioniert. Nur dann können wir das Kind „da abholen, wo es steht“, um gemeinsam den Übergang vom Saugen zum Löffeln sanft zu gestalten.

Die beteiligten Reflexe

Für die Nahrungsaufnahme im ersten Lebensjahr sind im Wesentlichen fünf Reflexe verantwortlich: der Suchreflex, der Saugreflex, der Zungenstreck- bzw. Zungenstoßreflex, der Schluckreflex und der vorgelagerte Würgereflex.

Mithilfe des Suchreflexes, der ausgelöst wird durch Berührung eines Mundwinkels, wird der Kopf zu dieser Berührung hin gedreht. Dieser Reflex ist auch als Brustsuchreflex bekannt und ist bereits in der 34. Schwangerschaftswoche nachweisbar. Im Laufe des dritten Lebensmonats verschwindet er jedoch.

Der Saugreflex stellt in Kombination mit dem Schluckreflex sicher, dass sich das Neugeborene an der Brust bzw. Flasche ernähren kann. Berührt die Brustwarze/der Sauger die Lippen und die Zungenspitze, wird der Saugreflex ausgelöst. Die Brustwarze wird in die Mundhöhle eingesaugt und die Zunge melkt dann durch eine Bewegung von der Zungenspitze zum Zungengrund die Milch aus der Brustwarze heraus. Dies ist bei der Flaschenernährung nicht erforderlich, hier füllt sich der Mund allein durch das Saugen. Wenn dadurch dann Milch den Mund vollständig füllt, wird diese durch den Schluckreflex in die Speiseröhre weitertransportiert, wobei der vorgelagerte Würgereflex, der durch den Kontakt der Milch mit dem vorderen Teil des weichen Gaumens ausgelöst wird, dafür sorgt, dass die Milch nicht in die Luftröhre gelangen kann.

Am Vorgang der Nahrungsaufnahme an der Brust ist auch der **Zungenstreck-** bzw. **Zungenstoßreflex** beteiligt. Dieser Reflex wird durch die Berührung der Zunge entweder durch Fremdkörper (auch Schnuller!) oder aber durch die Brustwarze ausgelöst. Fremdkörper werden durch diesen Reflex sofort nach außen gestoßen, die Brustwarze bekommt durch die nach vorn gestreckte Zunge überhaupt erst Raum in der Mundhöhle. Eine Besonderheit beim Saugen ist, dass die Säuglinge im Gegensatz zu uns Erwachsenen beim Trinken gleichzeitig atmen können, sie also kontinuierlich trinken können. Nach dem Abschlucken saugt der Säugling sofort wieder an und der Vorgang wiederholt sich, bis er unterbrochen wird. Dies kann durch den Säugling selbst geschehen, indem er den Unterdruck auflöst und die Brustwarze/den Sauger mit der Zunge ausstößt, oder durch die stillende Frau bzw. die Flaschengeberin, indem sie mit dem kleinen Finger zwischen die Lippen des Kindes und die Brustwarze bzw. den Sauger geht und so den Unterdruck sanft löst.

Später wird der Saugreflex überlagert durch ein aktives Saugen, der Schluckreflex bleibt ein Leben lang erhalten, der Würgereflex wird später ausgelöst durch Reize, die weiter hinten im Mundraum auftreten, der Zungenstreck- bzw. Zungenstoßreflex bildet sich ganz zurück und kann, solange er noch vorhanden ist, besonders bei gestillten Kindern die Einführung der Beikost verzögern. Häufig essen Stillkinder erst mit acht Monaten.

Lotta kann essen – Lotta isst aber nicht oder nur wenig

Die drei haben es inzwischen ganz gut drauf. Lotta weiß, worum es geht, sie freut sich schon auf das Essen, wenn sie die Möhre in die Hand nimmt und der Pürierstab in Aktion ist.

Lotta isst das Gemüsemus schon ganz gut, Kartoffeln sind dazugekommen, aber manchmal klappt es doch nicht. Eine ganze Portion hat sie erst einige Male geschafft, manchmal nimmt sie noch nicht einmal einen Löffel. Dabei haben Katrin und Christian eigentlich schon daran gedacht, in Kürze die nächste Mahlzeit anzugehen.

Lotta dreht den Kopf zur Seite, wenn sie das Gemüse nur sieht, und schlägt den Löffel weg!

Was ist los? Geht es Lotta nicht gut, war der Tag zu anstrengend? Zahnt sie vielleicht und will lieber saugen? Katrin und Christian sollten vielleicht schauen, ob sie das Essen zu einer späteren Tageszeit anbieten oder einen Tag Pause machen. Es kann aber auch sein, dass Lottas Kauleisten dick geschwollen sind, sodass der Löffel nur unangenehm ist und sie lieber Milch trinken möchte. Pausen sind vollkommen normal. Vielleicht hat Lotta auch Lust, selbst zu essen. Da hilft vielleicht der Trick mit dem Brotstick. Diesen bekommt Lotta in die Hand und kann ihn mit Christians Hilfe zum Dippen des Gemüsemuses benutzen. Christian hat für den Brotstick eine 1,5 cm dicke Scheibe feingemahlenes Vollkornbrot in daumendicke Streifen geschnitten und 2–3 Tage an der Luft getrocknet.

Lotta nimmt die ersten 10 Löffel freudig, fängt dann aber an zu schreien und drückt den Rücken durch!

Was ist los? Tut Lotta etwas weh?

Lotta hat schon beim Milchtrinken sehr häufig gleichzeitig in die Windel gemacht. Nun sitzt sie beim Essen auf dem Schoß und nach zehn Löffeln Gemüsemus kneift ihr Bauch, aber im Sitzen kann sie die Windel nicht voll machen. Lotta freut sich, wenn sie auf den Arm genommen wird und vielleicht sogar den Bauch massiert bekommt, bis die Windel voll ist. Dann isst sie ihr Essen erleichtert weiter.

Lotta isst nur eine sehr kleine Portion, ist davon aber lange satt.

Was ist los? Bekommt Lotta genug? Ist die Mahlzeit dann trotzdem ersetzt? Muss Lotta etwas anderes bekommen?

Lotta genießt es, nachts in Ruhe noch zwei- bis dreimal zu trinken. Dadurch kann sie es sich locker leisten, tagsüber mit nur 50 g Gemüse-Kartoffel-Mus fünf Stunden zufrieden zu sein. Lotta ist bestens versorgt, sie muss auch nichts anderes bekommen. Sie muss „nur" ihren Essensrhythmus dem ihrer Eltern anpassen und tagsüber essen und nachts schlafen. Dann wird sie bald die größere Menge schaffen und die Mahlzeit ersetzt haben. Aber Katrin und Christian sind auch mit kleinen Mengen zufrieden.

Lotta trödelt beim Essen.

Was ist los? Hat Lotta keinen Spaß am Essen? Braucht sie Abwechslung? Soll Katrin ihr den Löffel hineinzwingen, ihr das Essen einfach schneller anbieten?

Lotta schluckt nicht nur beim Trinken Luft, sondern auch beim Essen. Lottas Bäuerchen muss dann herausgeklopft werden und schon geht es wie geschmiert – ohne Zwang.

Lotta braucht auch sicherlich keine Abwechslung, aber vielleicht etwas Wasser aus dem Glas zum Trinken? Es kann aber auch sein, dass Lotta zwischendurch ein bisschen Kraft schöpfen muss; der Schnuller oder der Daumen helfen ihr.

Lotta findet den Löffel blöd.

Was ist los? Will Lotta den Löffel vielleicht gar nicht? Haben Christian und Katrin etwas falsch gemacht? Hat Lotta vielleicht bei Oma Susi etwas anderes kennengelernt?

Lotta könnte eines dieser Kinder sein, die mehr Spaß am „Fingerfood", zum Beispiel aus Kartoffel- und Kürbisstückchen, als an Püriertem haben. Das ist möglich, dann geht es mit reifen Birnen und Butterbrot weiter oder mit Fäustlingen (Seite 126).

Christian und Katrin haben sicher nichts falsch gemacht. Lotta sieht das aber anders, schließlich liegt auf den Tellern der Eltern etwas ganz anderes, das sicherlich noch besser ist als das Eigene.

Oma Susi hat Lotta ein wunderbares Gläschen Gemüseallerlei gegeben – vielleicht auch eine Schokoprinte. Bald wird Lotta wissen, dass es in einer anderen Atmosphäre auch anders schmeckt.

Katrin und Christian sehen Lotta jeden Tag und merken es nicht – aber die Großeltern bekommen mit, dass Lotta gerade einen Wachstumsschub durchmacht. Auch das kann der Grund sein.

Lotta isst den Teller nicht leer.

Was ist los? Warum isst Lotta immer nur eine halbe Portion?

Lotta hat schon in den letzten Monaten immer alle zwei Stunden Milch getrunken, das war auch immer nur eine halbe Portion. Sie mag einfach viele kleine Portionen. Katrin und Christian geben die zweite Hälfte der Mahlzeit einfach später.

Lotta fängt erst gar nicht mit dem Essen an, war krank.

Was ist los? Kann es sein, dass Lotta bei ihrem letzten Magen-Darm-Infekt die Lust am Essen verloren hat?

Vor ein paar Tagen hatte Lotta einen heftigen Magen-Darm-Infekt. Kurz nach dem Essen kam das Gemüsemus wieder heraus. In der Zwischenzeit hat Lotta nur Milch getrunken, heute geht es ihr so gut, dass sie wieder eine Portion Gemüsemus essen könnte. Aber leider erinnert sie sich an das letzte Mittagessen und traut sich nicht zu essen. Christian und Katrin geben ihr dann Pellkartoffel-Stückchen und ein wenig Brot und schaffen damit den Dammbruch. Nach zwei Tagen ist alles wieder normal.

Lotta hat Verstopfung und keinen Appetit.

Was ist los? Hat Lotta keinen Spaß am Essen, weil ihr Bauch dick und rund ist?

Lotta hatte seit drei Tagen die Windel nicht mehr vollgemacht, obwohl sie sich heftig und mit hochrotem Kopf darum bemüht hat. Christian und Katrin helfen ihr und sorgen dafür, dass der Stuhl weicher wird und Bauch und Anus sich entspannen. Sie möchten nicht, dass Lotta lernt, dass Verstopfung im Bauch und am Po weh tut. Sie massieren ihr dickes Bäuchlein vorsichtig mehrmals am Tag im Uhrzeigersinn und massieren beim Wickeln Lottas Anus mit einer kreisenden Bewegung und Nachtkerzen- oder Olivenöl. Das hilft, das ist ein Tipp von Ihrer Ernährungsberaterin.

Für die nächsten Tage nehmen sie sich vor, das Gemüse für Lotta flüssiger zuzubereiten, an Fett nicht zu sparen und auch einmal Fenchel anstelle von Möhre anzubieten. Auch geben sie ihr ab und zu einen Löffel von dem selbst gemachten Pflaumenmus (ungeschwefelte Trockenpflaumen über Nacht 1:1 in Wasser einweichen, pürieren und in ein gut ausgespültes Schraubglas füllen).

Wie sieht der optimale Löffel aus?

Der Löffel sollte aus Kunststoff oder Silikon gefertigt und sehr flach und weich/flexibel sein, um dem Säugling ein ähnliches Mundgefühl geben zu können wie die Brustwarze bzw. der Sauger. Optimal ist es, wenn er sich sogar von unten durchdrücken lässt, dann kann die Zunge beim Löffeln wie gewohnt mitarbeiten. Metalllöffel sind den zahnlosen Kindern häufig zu kalt oder können durch das Umrühren des Breis zu heiß geworden sein und passen sich dem Gaumen und der Zunge nicht an. Günstig ist es auch, wenn der Löffel einen möglichst kurzen Stiel hat, damit können Sie die Zunge des Kindes beim Löffeln gut spüren und damit einschätzen, wie stark der Zungenstreckreflex des Kindes den Löffelvorgang noch beeinflusst. Das geht besonders gut bei Löffeln, die einteilig gefertigt sind. Ich habe die besten Erfahrungen mit den Flexi-Löffeln von Dr. Boehm gemacht, erhältlich im Internet und in der Apotheke.

Das Löffeln will gelernt sein

Beim Erlernen des Löffelns ist es wichtig, die Wirkung des Saug-, des Schluck- und des Zungenstreck- bzw. Zungenstoßreflexes zu berücksichtigen. Das Kind öffnet den Mund, wenn der gefüllte Löffel in Richtung Mund geht. Als Erstes geht die Zunge heraus, zum einen, weil das Kind es so gewohnt ist, die Brustwarze bzw. den Sauger einzuziehen, und außerdem, weil die Zunge im Moment das wichtigste Tastorgan ist. Legen Sie am Anfang den Löffel ganz vorsichtig auf die Zungenspitze und warten Sie, bis Ihr Kind mit der Zunge den Löffel in die Mundhöhle einzieht. Dann schließt die Oberlippe den Mund über dem Löffel und behält das Mus im Mund. Die Zunge drückt dann den Löffel gegen den Gaumen, wodurch der Schluckreflex am weichen Gaumen ausgelöst wird. So entwickelt sich allmählich eine koordinierte Kau-Schluck-Bewegung. Beim richtigen Löffeln muss der Löffel also gut gefüllt sein. Nur so kann der Mund – ähnlich wie beim Saugen – so gefüllt werden, dass am weichen Gaumen der Schluckreflex ausgelöst wird. Ist der Brei abgeschluckt, der Mund wieder leer, öffnet der Säugling den Mund sofort wieder und verlangt nach der nächsten Füllung – wie beim Saugen. Aus Sicht der Esskultur mag es nach „Schlingen" aussehen, aber das Mus muss nicht gekaut werden und die Reflexe des Säuglings erfordern diese hohe „Taktzahl". Anfänglich kann es passieren, dass je nach Ausprägung des Zungenstreck- bzw. Zungenstoßreflexes das Mus als „Fremdkörper" sofort wieder aus dem Mund gestoßen wird, indem sich die Zunge nach außen hin streckt. Mit der Zeit lernt das Kind, dass beim Löffeln die Zunge eine andere Aufgabe hat und dass das Mus kein Fremdkörper ist, der reflektorisch sofort wieder aus dem Mund nach außen gestoßen werden muss. Der Reflex wird also durch diesen Lernvorgang überlagert. Auch kann es sein, dass der Löffel mit dem Mus erst gar nicht in den kindlichen Mund aufgenommen wird, da die Zunge in dieser Phase als das Tastorgan fungiert und den Löffel lieber außerhalb des Mundes erkunden möchte. Übung macht den Meister. Wenn Sie merken, dass Ihr Kind den Löffel an sich als Fremdkörper empfindet, dann bereiten Sie das Gemüsemus ein wenig flüssiger zu und bieten Sie es aus einem kleinen Trinkglas zum Trinken an.

Wenn das Abschlucken von halbfester Nahrung mit Hilfe des Löffels gut klappt, bieten Sie Ihrem Kind im nächsten Schritt den gefüllten Löffel nur noch an, das heißt, Sie halten ihn ca. 15 cm vor dem Mund Ihres Kindes und warten ab, bis Ihr Kind sich das Essen selbstständig durch Nachvorneneigen des Oberkörpers mit dem Mund „abholt". Im letzten Schritt – meist einige Wochen bis Monate später – bieten Sie Ihrem Kind den gefüllten Löffel an bzw. legen diesen auf den Tellerrand, sodass Ihr Kind die Möglichkeit bekommt, ganz selbstständig den Löffel zum Mund zu führen.

Die gemeinsame Mahlzeit

Bislang hat Ihr Kind das Essen immer mit sehr intensivem Körperkontakt verbunden und genossen. Denn beim Stillen/ Flaschegeben wird ja über Muttermilch/ Formulanahrung nicht nur der physiologische Hunger gesättigt, sondern auch der emotionale Hunger nach Körperkontakt und Kommunikation. Sie erleichtern Ihrem Kind den Übergang von flüssiger Nahrung zu fester Kost, wenn Sie es auf ihrem Schoß mit an den Tisch setzen. Idealerweise haben Sie sich auch etwas zum Essen zubereitet, zum Beispiel Kartoffeln mit Möhren durcheinander mit ei-

Anbieten von Gemüsemus

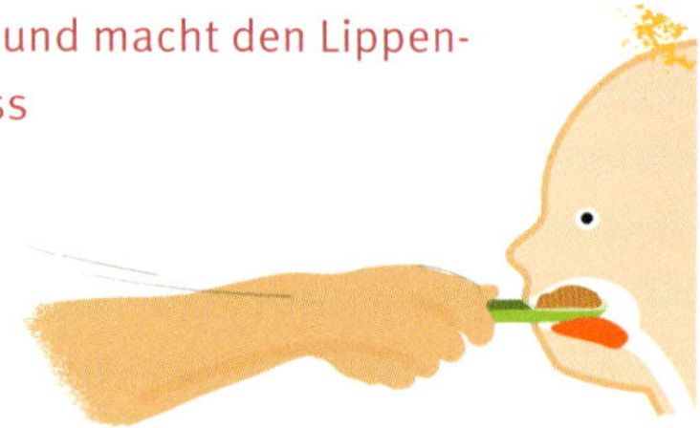

Kind nimmt den Löffel in den Mund und macht den Lippenschluss

Mund wird geöffnet

Die Zunge drückt den Löffelboden gegen den Gaumen – Schluckreflex wird ausgelöst

nem Klecks Pesto, und geben beide Essen auf einen großen Teller. Fangen Sie erst selber an zu essen und bieten Sie dann Ihrem Kind etwas Gemüsemus an. Macht Ihr Kind den Mund auf und zeigt sich freudig, dann können Sie mit dem Menü beginnen. Hat Ihr Kind eher eine neutrale Einstellung zu der Sache, dann essen Sie erst einmal selber weiter und versuchen Sie es später noch einmal. Zeigt sich Ihr Kind ablehnend und macht den Mund nicht auf, dann sagen Sie einfach nur: „Ich sehe, du möchtest nicht", und essen Sie selber weiter. Am nächsten Tag verfahren Sie nach dem gleichen Muster. Noch besser wäre es, wenn es immer öfter die Möglichkeit gäbe, dass nicht nur ein Erwachsener mit dem Kind am Tisch sitzt, sondern vielleicht beide Eltern bzw. Großeltern oder Geschwister. Dies wäre eine ganz natürliche gemeinschaftliche Esssituation – so steht das Kind mit dem neuen Essen und der neuen Art und Weise zu essen nicht die ganze Zeit im Fokus. Denn die Erwachsenen unterhalten sich und das Kind hat die Möglichkeit, sich nicht nur auf das Essen konzentrieren zu müssen, sondern zwischendurch zu verschnaufen und die Gemeinschaft zu genießen.

Trinken aus dem Glas

Sie können Ihrem Kind von Anfang an das Trinken aus dem Glas beibringen. Dazu nehmen Sie ein sehr kleines, sich nach oben hin öffnendes, dickwandiges Glas mit einem abgerundeten Rand. Dieses Glas füllen Sie bis oben hin mit Wasser und halten es an die Oberlippe Ihres Kindes. Wenn diese dann nass ist, öffnet sich der Mund automatisch und Ihr Kind wird wie ein kleiner Hund oder eine kleine Katze zunächst mit der Zunge das Wasser aus dem Glas schlabbern. Rechts und links wird das Wasser zwar aus dem Mund laufen, aber Ihr Kind lernt so schnell das Trinken aus dem Glas.

Das Trinken aus dem Glas hat viele Vorteile gegenüber dem Trinken aus dem Trinklernbecher. Beim Glas kann Ihr Kind jederzeit sehen, fühlen und riechen, was darin ist. Es zeigt so eine größere Bereitschaft, sich auf dieses Experiment einzulassen. Außerdem gibt es Gläser und Wasser überall. Und sollte dies nicht der Fall sein, weil Sie einen Tag im Park oder am Meer planen, dann nehmen Sie einfach einen kleinen Plastikbecher und eine Flasche Wasser mit. Unsere Kinder haben allerdings auch sehr früh das Trinken aus der normalen Wasserflasche gelernt.

Der Trinklernbecher fordert eine neue Art des „Saugens“ – ähnlich wie aus einem Strohhalm – und er verrät nicht, was er enthält. Viele Kinder reagieren daher skeptisch, abgesehen davon gelingt den meisten diese Art des „Ziehens“ nur nach längerem Üben. Das Trinken von Wasser aus der Flasche ist für viele Kinder auch eine Herausforderung, denn Kinder, die gestillt worden sind, müssen diese Art von Saugen erst einmal erlernen, und Kinder, die das Trinken von Formula-Nahrung aus der Flasche gewohnt sind, wollen kein Wasser aus der Flasche trinken.

Eins, zwei, drei ... Brei!

Ein günstiger Zeitpunkt für die ersten Löffel ist zwischen zwei Mahlzeiten, also wenn Ihr Kind weder hungrig noch satt ist. Denn Ihr Kind weiß noch nicht, dass es vom Gemüse satt werden kann.

Wenn Ihr Kind sehr hungrig ist und Sie sitzen vor ihm mit einem Löffel Gemüsemus, wird es sicherlich erfreut sein über dieses schöne Spielzeug, aber sein Hunger wird verhindern, dass es sich auf das Spiel einlässt. Ihr Kind weiß zu diesem Zeitpunkt noch nicht, dass es durch den Löffel, also das Gemüsemus, satt werden könnte. Vielleicht hat Ihr Kind Sie beim Essen beobachtet, doch es hat nur bemerkt, dass Sie da etwas tun, was Ihnen offensichtlich viel Freude und Spaß macht. Es konnte aber nicht verstehen, dass Sie sich damit sättigen. Bislang hat Ihr Kind nur die Erfahrung abgespeichert, dass es, wenn sich ein „Grummeln" im Bauch aufbaut, es also Hunger bekommt, und dann die Brust bzw. die Flasche sieht, gleich etwas zu essen bekommen wird und sich wieder gut fühlen wird. Geben Sie Ihrem Kind nun bei der Einführung der ersten Löffelmahlzeit die Chance, diese Reaktionskette mit Blick auf das Gemüse neu zu erlernen.

Dieses Lernen dauert, je nachdem, wie sehr Ihr Kind das „Saugen" noch liebt, länger oder kürzer. Es gibt wenige Kinder, die nach einer Woche eine komplette Mahlzeit mit dem Löffel essen. Die meisten benötigen 4–5 Wochen für eine Mahlzeit, nicht selten jedoch dauert es auch 8 oder10 Wochen. Krankheiten, Impfungen oder die Eingewöhnungszeit in einer Kindertagesstätte können Pausen notwendig machen. Erkennen Sie diese manchmal unausweichlichen Pausen und verbuchen Sie diese nicht für sich und Ihr Kind als einen Rückschritt. Die Länge der Zeit für die Eingewöhnung der ersten Mahlzeit ist vollkommen individuell und hat weder mit Ihrer Leistung noch mit der Leistungsfähigkeit oder dem Entwicklungsstand Ihres Kindes etwas zu tun.

Meine Schwiegergroßmutter – eine sehr erfahrene Kinderärztin, Jahrgang 1903 – vertrat die Meinung und unterstützte die Eltern immer mit der Aussage: „Unter vier Jahren vergleichen wir die Kinder überhaupt nicht!“ Lassen Sie sich nicht beunruhigen durch die Aussagen Ihrer Umwelt – jedes Kind is(s)t anders!

Der Weg zur ersten Mahlzeit

Wenn Ihr Kind z. B. bislang eine Milchmahlzeit um 10 Uhr hat und die nächste um 13 Uhr und es darum geht, diese Mittagsmahlzeit zu ersetzen, dann bieten Sie den ersten Löffel Gemüsemus ca. um 11:30 Uhr an. Im Anschluss an die ersten Löffel Gemüsemus ist es nicht notwendig und auch nicht ratsam, Milch zu geben. Ihr Kind hat ja zu diesem Zeitpunkt normalerweise auch keinen Hunger. Dadurch verhindern Sie, dass Ihr Kind denkt bzw. lernt, dass es im Anschluss an eine Gemüsemahlzeit immer Milch bekommt, also saugen darf. Hier ist es sehr gut, wenn Sie Ihrem Kind die Art der Mahlzeit deutlich machen – entweder gibt es Milch zum Saugen oder Mus vom Löffel. Beginnen Sie langsam, Löffel für Löffel. Ihr Kind bestimmt das Tempo und zeigt Ihnen deutlich, ob und wie viel es essen will und wann es nicht mehr will.

Isst Ihr Kind bereits fünf oder sechs Löffel Gemüsemus, schieben Sie langsam diese Löffelmahlzeit um etwa eine halbe Stunde nach hinten in Richtung der zu ersetzenden Mahlzeit. Ihr Kind wird immer hungriger bei Beginn der Gemüsemahlzeit und lernt dadurch langsam, Schritt für Schritt, dass es auch von dem Gemüsemus satt werden kann. Eine Menge von acht bis zehn Löffeln Gemüsemus um 12 Uhr gegessen verschiebt bereits die 13-Uhr-Milchmahlzeit auf ca. 13:30 Uhr.

Beginnen Sie Tag für Tag zu einem immer späteren Zeitpunkt mit der gemeinsamen Mahlzeit. Bieten Sie eine immer größere Menge an, bis die ursprüngliche Milchmahlzeit um 13 Uhr zu einer Gemüsemahlzeit geworden ist und die Milchmahlzeit dann vollkommen entfallen kann. Ersetzt ist eine Mahlzeit dann, wenn Ihr Kind zweieinhalb Stunden vor und zweieinhalb Stunden nach der Gemüsemahlzeit keine Milch mehr braucht und eine Menge von 120 g bis max. 250 g Mus gegessen hat. Dies ist natürlich nur ein Beispiel.

Sie können die Gemüsemahlzeit auch morgens früh langsam einführen. Viele Kinder haben am Morgen zwischen 5 und 6 Uhr eine Milchmahlzeit, um dann noch einmal ein bis eineinhalb Stündchen zu schlafen. Wenn das Kind dann wach wird, ist es ausgeschlafen, „gut drauf" und nicht hungrig. Eine sehr gute Gelegenheit, um die Einführung der Beikost zu starten. Wenn das um diese Zeit mit dem Gemüsemus gut läuft, also noch bevor Sie noch Kartoffeln und Fleisch/Fisch hinzufügen, dann verschieben Sie diese Mahlzeit in die Mittagszeit. Es kann sein, dass das Kind sich unter Umständen schon nach kurzer Zeit an solch ein kleines Frühstück gewöhnt hat – nichts spricht dagegen, dass Sie auch jetzt schon gemeinsam frühstücken. Bieten Sie Ihrem Kind ein wenig Brot oder etwas weiches Obst an.

Flexible Umsetzung im Alltag

Mir ist natürlich bewusst, dass die wenigsten Kinder einen solch starren Rhythmus haben wie oben beschrieben. Auch wenn Ihr Kind nicht jeden Tag um die gleiche Uhrzeit Milch bekommt, werden Sie sicherlich wissen, wie groß bei ihm der Abstand zwischen den Mahlzeiten im Tagesablauf ungefähr ist. Entscheiden Sie für sich, ob Sie die sogenannte „Mittagsmahlzeit" an Stelle der zweiten oder dritten Milchmahlzeit am Tag einführen wollen – um dann den besten Zeitpunkt zwischen zwei Mahlzeiten zu bestimmen. Wenn Sie sich z. B. dazu entschließen, die dritte Mahlzeit am Tag zu ersetzen, rechnen Sie von der ersten Mahlzeit an:

Wenn am Montag Ihr Kind um 5 Uhr das erste Mal trinkt, die zweite Mahlzeit um acht Uhr einnimmt, würden Sie um 9:30 Uhr mit dem ersten Löffel beginnen, um dann regulär um 11 Uhr wieder Milch zu geben. Bekommt Ihr Kind am Dienstag um 6:30 Uhr die erste Mahlzeit, verschiebt sich der Zeitpunkt der Gemüsemahlzeit analog um 1,5 Stunden auf 11 Uhr. Die veraltete Empfehlung, dass es um 12 Uhr Mittagessen geben sollte, bereitet Ihnen und Ihrem Kind nur Stress. Denken Sie daran, Ihr Kind kann die Uhr noch nicht lesen! Da Ihr Kind auch noch nicht zählen kann und auch nicht weiß, dass man hierzulande zum Frühstück kein Gemüse isst, können Sie die ersten Experimente, je nach Ihrem Zeitplan, auch zwischen die erste und zweite Mahlzeit legen.

Es ist nicht empfehlenswert, mit der Einführung der Beikost nach 15 Uhr zu beginnen, auch wenn sich viele Männer auf ihren lang ersehnten Einsatz freuen. Ihr Kind würde so die noch neue Nahrung und die damit verbundenen Verdauungsprozesse mit in die Nacht nehmen, was den Schlaf deutlich beeinträchtigen könnte. Eine mögliche allergische Reaktion auf die neuen Nahrungsmittel lässt sich tagsüber auch besser beobachten und einschätzen. Außerdem ist Ihr Kind am Abend unter Umständen viel zu müde, um sich auf solch ein Experiment einzulassen.

Die nächste Mahlzeit

Erst wenn die Mahlzeit vollständig ersetzt ist, also

- eine Menge von ca. 120–250 g gegessen wird,
- Ihr Kind 2,5 Stunden vorher und 2,5 Stunden nachher keine Milch mehr braucht und
- mindestens ein Monat vergangen ist,

führen Sie die nächste Mahlzeit ein. Bei einem Kind, das sehr schnell die Beikost akzeptiert, ist man verleitet, auch sehr schnell die anderen Mahlzeiten anzugehen. Davon würde ich abraten, da Ihr Kind im ersten Lebensjahr ein Säugling ist. Ein zu schnelles Vorangehen führt sehr häufig dazu, dass das Kind nach einer gewissen Zeit das Gemüse und auch den Löffel total verweigert, womit man dann wieder von vorne beginnen müsste. Das langsame Umstellen auf Beikost, also das lange begleitende Abstillen, hat sich auch in der Allergieprävention (Seite 134) besonders bewährt.

Kleine Mengen genügen

Eine allgemeine Regel, die auch später am Familientisch gilt, ist, dass die Eltern bestimmen, wann, wie und was gegessen wird, die Kinder aber bestimmen, ob und wie viel sie essen. Die Menge, die Ihr Kind isst bzw. trinkt, ist sehr variabel und hängt auch von der Anzahl der Mahlzeiten Ihres Kindes ab. So werden Sie beobachten, dass ihr Kind z. B. im Wachstumsschub sehr wenig isst, vorher und nachher dafür aber besonders viel. Innere Unruhe und Krankheiten können das Gleiche auslösen. So versteht es sich von allein, dass die „Normmenge" einer Gemüsemahlzeit von 200 g sowohl unter- als auch überschritten werden kann und auch von Kind zu Kind variiert. Diese Normmengen sollten lediglich als Richtwerte verstanden werden – grundsätzlich entscheidet Ihr Kind, wie viel es essen möchte. Für die Essbeziehung ist es sehr günstig, nur dem Gefühl zu folgen und der Waage oder der Anzahl der Löffel.

In der Beratung erlebe ich immer wieder, dass der Anspruch an die Menge, die ein Kind essen soll, sehr hoch ist. Meine Empfehlung lautet dann stets: Sie tun gut daran, auch kleinere Mengen schon als einen Erfolg zu werten.

Der Tagesablauf

Denken Sie an die Bahn – Fahrpläne dienen nur der groben Orientierung. Die Beikostmahlzeiten ersetzen nach und nach die Milchmahlzeiten. Auch hier können Sie einem groben Zeitplan folgen:

Für die Umstellung von Milchnahrung auf feste Nahrung sollten Sie einen Zeitraum von mindestens 4–5 Monaten einplanen. Dieser Zeitraum sollte auf gar keinen Fall unterschritten werden. Auch für die Allergieprävention hat sich ein langsames Umstellen auf Beikost bewährt. Lassen Sie sich und Ihrem Kind gerne auch mehr Zeit, denn je mehr Zeit Ihr Kind für diesen Prozess des Übergangs und für die zahlreichen beteiligten Reifungs-, Lern- und Entwicklungsebenen zur Verfügung hat, umso leichter kann Ihr Kind diese verinnerlichen. Diejenigen von Ihnen, die bis zu Beginn der Beikost ausschließlich stillen, aber diese 4- bis 5-monatige begleitende Abstillzeit während der Einführung der Beikost nicht eingeplant haben, sollten ihr Kind zunächst vollständig von der Muttermilch auf Formulanahrung und anschließend von der Formulanahrung auf die Beikost umstellen. Denn jedes Stillkind ist mit der gleichzeitigen Einführung von Löffel/Glas und Flasche bzw. Gemüse und Formulanahrung überfordert.

Die erste Mahlzeit

Das Gemüse-Kartoffel-Mus baut sich in drei Schritten auf, analog zu den Reifungs-, Lern- und Entwicklungsebenen, und benötigt für die Einführung die längste Zeit.

Zunächst beginnen Sie mit einem reinen Gemüsemus mit Fett. Wenn Ihr Kind davon 10 Löffel problemlos isst, den Löffel bzw. das Glas kennengelernt, sich an den Geschmack gewöhnt hat, sich auf diese Menge auch konzentrieren kann und der Darm mit der Verarbeitung der neuen Nahrung gut zurecht kommt (der Stuhl wird automatisch mit Einführung der Beikost fester, sollte aber täglich kommen und weich sein), können Sie die zweite Komponente, die Kartoffel, im Gemüse-Kartoffel-Mus einführen.

Die dritte Komponente, Fleisch/Fisch, sollten Sie erst dann einführen, wenn für Ihr Kind der Löffel/das Glas zur Gewohnheit geworden ist und es verstanden hat, dass es auch mit Gemüse und Kartoffeln den Hunger erfolgreich bekämpfen kann. Eine verzehrte Menge von 120–250 g Gemüse-Kartoffel-Mus zeigt Ihnen auch, dass Ihr Kind sich über einen längeren Zeitraum konzentrieren kann. Dies ist die Menge, die Ihr Kind benötigt, um eine Milchmahlzeit vollständig zu ersetzen. Etwa 2,5 Stunden vorher und 2,5 Stunden nach der Mahlzeit ist dann keine Milchmahlzeit mehr notwendig und erst dann ist diese auch vollständig ersetzt. Eine weitere Voraussetzung ist auch, dass der Darm so weit gereift ist, dass er auch mit größeren Mengen „fester" Nahrung problemlos zurechtkommt.

Ist die dritte Komponente erfolgreich eingeführt, können Sie beginnen, den Geschmackssinn Ihres Kindes zu „trainieren", indem Sie allmählich einzelne Komponenten gegen andere der gleichen Lebensmittelgruppe austauschen: Möhre gegen Spinat, Lammfleisch gegen Rindfleisch usw.

Es kommt sehr selten vor, dass die erste Mahlzeit innerhalb einer Woche vollständig eingeführt und ersetzt wird; die meisten Kinder brauchen 4–5 Wochen, einige benötigen bis zu 10 Wochen. Diejenigen, die sehr lange Zeit benötigen, sind sehr häufig diejenigen, die sehr stark auf das Saugen fixiert sind. Es kann auch sein, dass der Anfangszeitpunkt zu früh gewählt war, auch können Krankheiten oder andere „Ereignisse“ wie die z. B. Eingewöhnung in die Kita den benötigten Zeitraum verlängern.

Für welchen Weg sich Ihr Kind entscheiden wird, wissen Sie nicht. Es ist aber auch vollkommen egal – Ihr Kind wird sich die Zeitspanne nehmen, die es für sich braucht, unabhängig davon, wie schnell die „Spielkameraden“ in der Krabbelgruppe sind, und auch unabhängig von den Empfehlungen anderer. Beikost ist ja keine „Anstatt-Kost“, sondern eine Kost, die zu der Milchnahrung gegeben wird, durch die Ihr Kind jederzeit selbstverständlich bestens versorgt ist!

Die zweite Mahlzeit

Die Einführung der zweiten Mahlzeit, des Obst-Getreide-Breis als Zwischenmahlzeit – entweder am Vormittag oder am Nachmittag –, ist im Vergleich zur Einführung der ersten Mahlzeit ein „Kinderspiel“. Die meisten Voraussetzungen erfüllt Ihr Kind bereits. Es kann mit dem Löffel umgehen und sich auf das Essen

Tipp für stillfreudige Frauen und Kinder

Sollten Sie die Lust, die Zeit und die Möglichkeit haben, Ihr Kind bis zum ersten Geburtstag am Morgen und am Abend zu stillen, dann geben Sie tagsüber die Mittagsmahlzeit (Gemüse-Kartoffel-Mus/Fleisch/Fisch) und die Zwischenmahlzeiten (Obst-Getreide-Brei oder Obst am Stück, Brot und Brötchen). Frühstück und Abendessen sind dann noch Stillmahlzeiten. Dadurch entfällt dann der Milch-Getreidebrei.
Haben Sie das Gefühl, dass Ihr Kind eine weitere Mahlzeit benötigt, können Sie einen zweiten Getreide-Obst-Brei anbieten oder Obst am Stück bzw. etwas Brot am Vor- oder Nachmittag. Dies kann günstig sein, wenn Ihr Kind einen langen Tag hat, eher nur kleine Mengen isst oder aber nur einen guten Appetit hat.

konzentrieren; es weiß, dass es von festem Essen satt wird; der Darm verträgt nun auch feste/gegarte Kost.

In der zweiten Mahlzeit macht sich Ihr Kind dann mit neuen Geschmacksrichtungen vertraut und das Verdauungssystem gewöhnt sich daran, frisches und rohes Obst sowie Getreide zu verarbeiten. Die Einführung dieser zweiten Mahlzeit erfordert kein langsames Eingewöhnen mehr und geschieht in der Regel von heute auf morgen.

Die dritte Mahlzeit und alle weiteren

Die dritte Mahlzeit, den Milch-Getreide-Brei, können Sie entweder zum Frühstück oder zum Abendessen geben. Auch die Einführung dieser Mahlzeit dürfte keine Probleme bereiten. Geben Sie den Brei zuerst am Abend, kann es sein, dass Ihr Kind zu müde ist, um sich voll auf den Löffel zu konzentrieren. Am Morgen (das ist ja häufig zwischen 5 und 6 Uhr in der Frühe) hingegen kann es sein, dass Sie zu müde sind, einen Brei zuzubereiten.

Lotta macht die Nacht zum Tag

Lotta liebt es, nachts in Ruhe 2–3-mal Milch zu trinken. Durchschlafen ist nicht ihr Ding. Als sie noch kleiner war, ging es schon viel besser; jetzt, mit einem halben Jahr, kommt sie wieder öfter und will unbedingt trinken.

Katrin und Christian gehen im Supermarkt an den Babybreiregalen vorbei und sehen die Abendbreie mit all ihren Versprechungen – ist das vielleicht die Rettung? Oma Susi und der Kinderarzt meinen schon länger, dass das Kind nun endlich einmal etwas „Anständiges“ zum Abendessen bekommen solle – am besten Grießbrei oder einen Gute-Nacht-Brei aus der Tüte oder dem Glas. Lottas Freunde in der Krabbelgruppe schlafen aber trotz Grießbrei auch nicht durch.

Egal, was Lotta am Abend bekommt, Muttermilch oder industrielle Säuglingsnahrung, Grießbrei oder Gute-Nacht-Brei, nach vier bis fünf Stunden stellt sich der Hunger wieder ein – wie am Tag! Durchschlafen geht nur, wenn Lotta den Hunger überschläft. Lotta hat bis zu zehn leichte Schlafphasen (REM-Schlafphasen) in der Nacht. Da ist es wahrscheinlich, dass das Hungergefühl genau in einer solchen Phase auftritt und dann der Hunger sie erst richtig wach macht. Auch Christian und Katrin kommen nachts in Hungerphasen, haben aber viel weniger REM-Schlafphasen, in denen sie vor Hunger leicht aufwachen könnten, und schlafen deshalb über den Hunger hinweg – ganz selten wacht allerdings auch Christian nachts auf und geht an den Kühlschrank.

Am Tag zu beschäftigt? Hinzu kommt, dass Lotta inzwischen viel besser und weiter sehen kann und ihre Umwelt neugierig mit den Augen erforscht. Der Haken an der Decke oder der Knopf an der Bluse wecken bei ihr ein tieferes Interesse als das kontinuierliche Trinken an der Brust oder Flasche und dadurch kommt sie nicht auf ihr Tagespensum. Das muss Lotta nachts im schönen dunklen Schlafzimmer nachholen und macht recht schnell die positive Erfahrung, dass es nachts nichts zu sehen und zu hören gibt und dass außerdem sogar noch die Milch leichter fließt (das liegt am nachts höheren Prolaktin-Spiegel bei Katrin). Schnell gewöhnt sie sich daran, nachts regelmäßig gemütlich zu trinken, ihr Biorhythmus erinnert sie daran. Sie kann es sich dadurch leisten, tagsüber nur zu „snacken". Wer nachts durchtrinkt, kommt tagsüber mit wenig aus. (Das würde auch Katrin und Christian passieren, wenn sie zusammen mit Lotta in der Nacht zwei Mal einen Teller Nudeln äßen – das ist zwar dann eine Familienmahlzeit, aber nicht unbedingt zielführend).

Zunächst war das Katrin und Christian egal. Sie konnten gut damit leben. Katrin hat im Dunklen und im Halbschlaf gestillt, Christian hat im Halbschlaf das „Bäuerchen“ herausgeklopft, Lotta war beim Trinken auch nicht richtig wach, und damit alle schnell weiterschlafen konnten, wurde sie auch nicht gewickelt.

Die Entwöhnung ist Christians Aufgabe Katrins zaghafte Versuche, Lotta nachts nicht mehr zu stillen, sind bislang gescheitert. Inzwischen ist sie aber „fertig“ und hat einfach keine Lust mehr, jede Nacht mehrmals zu stillen. Sie weiß zwar, dass es für Lotta gut und normal ist, noch nachts zu trinken, aber sie hat einfach keine Kraft mehr. Sie stellt sehr schnell fest, dass sie es aber allein nicht schafft, Lotta das nächtliche Trinken abzugewöhnen. Jedes Mal, wenn sie versucht, Lotta einfach nur so zu beruhigen, fehlt ihr die Kraft, das durchzuziehen, und schon endet das Ganze eben doch mit einer Stillmahlzeit. Ihr fehlt einfach die Kraft und das Durchhaltevermögen. Da kann nur Christian helfen. Der kriegt das viel einfacher hin. Er hat nämlich den Vorteil, dass er weder nach Milch riecht noch die Brust geben kann, aber Lotta natürlich genauso liebt, wie Katrin das tut. Zum Glück vertraut Katrin Christian zu 100 Prozent, denn in einem sind die beiden sich auf jeden Fall einig: Sie wollen Lotta auf gar keinen Fall schreien lassen. Das alleinige Vertrauen von Katrin in Christian reicht nicht aus, sie muss auch Lotta vertrauen und auch ein wenig loslassen können. Die beiden kriegen das schon hin.

Schlau ist es, Lotta erst einmal die erste Nachtmahlzeit, die 23-Uhr-Mahlzeit, abzugewöhnen. Da Lotta bislang im Beistellbettchen neben Katrin geschlafen hat, tauschen die beiden Eltern erst einmal die Betten. Kurz vor den ersten Aufwachgeräuschen von Lotta verschwindet Katrin unter ihrer Bettdecke, überlässt Christian uneingeschränkt die Regie und mischt sich jetzt nicht mehr ein. Christian legt sich Lotta zum Beispiel auf den Bauch, gibt ihr den Schnuller/Daumen und versucht sie liebevoll am vollständigen Aufwachen zu hindern. Lotta hat Katrin zum Glück auch nicht bemerkt: Ohnehin hatte Katrin sich auch schon ein „Bettlager“ im Wohnzimmer auf dem Sofa vorbereitet. Beim nächsten Aufwachen ist Katrin wieder an der Reihe und gibt ihr die Milch. Lotta wird vielleicht noch fünf Nächte um kurz vor 23 Uhr wach, lässt sich aber immer schneller von Christian beruhigen und in der sechsten Nacht kommt sie das erste Mal um 1 Uhr. Vier Wochen später gehen die drei dann die 1-Uhr-Mahlzeit auf die gleiche Art und Weise an. So können die drei sich Schritt für Schritt langsam an eine durchgeschlafene Nacht gewöhnen. Die kleine Familie genießt ihre neu gewonnenen Kräfte am Tag.

Seitdem die eine Nachtmahlzeit fehlt, stellt Katrin fest, dass Lotta tagsüber nicht nur „snackt“, sondern dankbar ist, wenn sie auch am Tag bei gedämpftem Licht einmal in Ruhe durchtrinken kann. Katrin und Christian merken aber auch, dass Lotta tagsüber wieder sehr viel besser schläft und ihr genau dies hilft, auch nachts besser zu schlafen. Schön ist es auch, dass Lotta auf einmal viel mehr Spaß an der Beikost hat und deutlich größere Mengen isst. Ihr fehlen einfach die Kraft und das Durchhaltevermögen. In der Krabbelgruppe haben die Freundinnen erzählt, dass sie das Problem bei ihren Kindern so gelöst haben, dass sie nur noch tagsüber stillen und nachts ihre Kinder auf Formula-Nahrung umgestellt haben. Mit dieser Lösung können sich sowohl Katrin als auch Christian nicht anfreunden, denn dann muss ja wieder einer aufstehen, die Milch zubereiten und anbieten und außerdem lernt Lotta ja dann gar nicht, nachts zu schlafen und tagsüber zu essen – abgesehen davon ist noch ungeklärt, ob Lotta die Formula-Nahrung überhaupt akzeptiert. Die Lösung ist, dass nur Christian helfen kann.

Wäre Lotta ein Flaschenkind, könnten ihre Eltern ihr die erste Nachtflasche auch dadurch abgewöhnen, dass sie die Milch immer wässriger machen. Also immer weniger Milchpulver nehmen und die Gesamtmenge langsam reduzieren.

Lebensmittel für die Beikost

Der Menüfolge in der Beikost ist nicht willkürlich, sondern gut durchdacht, erprobt und genau auf die Entwicklung Ihres Kindes abgestimmt.

Im Folgenden bekommen Sie Tipps zu Einkauf und Lagerung der in der Beikost eingesetzten Lebensmittel, deren speziellen Einsatz und Vorschläge, die die tägliche Organisation der Selbstherstellung erleichtern. So kommen Sie gut organisiert durch die Beikostzeit – selbst zubereiten ist weniger aufwendig, als Sie denken!

Inhaltsstoffe, Einkauf, Lagerung, Zubereitung

Neben Vitaminen, Mineralstoffen, Ballaststoffen und den mehrfach ungesättigten Fettsäuren sind die sog. sekundären Pflanzenstoffe eine wichtige Stoffgruppe in unseren Lebensmitteln, auf die ich hier etwas genauer eingehen möchte. Die Pflanzen bilden sekundäre Pflanzenstoffe z. B. als Schutz- oder Abwehrstoffe gegen Schädlinge, als Farb-, Duft- oder Lockstoffe und als pflanzeneigene Hormone. Sie sind für die Pflanze allerdings nicht lebensnotwendig wie Kohlenhydrate und Eiweiße. Man kennt heute über 30 000 verschiedene Substanzen. Sie sind in extrem kleinen Mengen in Obst, Gemüse, Getreide, Hülsenfrüchten, Nüssen und Samen enthalten. Sekundäre Pflanzenstoffe sind für den menschlichen Körper nicht unbedingt lebensnotwendig, können dem Organismus aber gesundheitliche Vorteile bringen, beispielweise vor den sogenannten freien Radikalen schützen. Freie Radikale, die im Körper permanent gebildet werden, können im Organismus Schäden hervorrufen. Es wird diskutiert, dass sie an der Entstehung von Krebs, Herzinfarkt und Arterienverkalkung beteiligt sind. Unser Körper hat eine Reihe von Abwehr- und Schutzmechanismen gegen freie Radikale entwickelt. Mit der Nahrung aufgenommene sekundäre Pflanzenstoffe leisten hier einen zusätzlichen Beitrag. Außerdem stärken diese Substanzen das Immunsystem, fördern die Verdauung, regulieren den Blutzuckerspiegel und bekämpfen Bakterien.

Doch Achtung: Sekundäre Pflanzenstoffe mögen keine Hitze! Glukosinolate, in Blumenkohl, Weißkohl und Kohlrabi enthalten, gehen nach zehnminütigem Kochen zu 50 Prozent ins Wasser über. Die Karotinoide aus Karotten und Roter Bete sind relativ unempfindlich gegen Hitze, wohingegen sie im Spinat und im Grünkohl beim Kochen vollständig zerstört werden. Wird schonend gegart, gedünstet oder gedämpft und die Garflüssigkeit mitverwendet, bleibt ein Großteil der sekundären Pflanzenstoffe erhalten. Drei Portionen Gemüse und zwei Portionen Obst versorgen Sie und Ihr Kind ausreichend mit sekundären Pflanzenstoffen.

Gemüse

Die Fachbegriffe zu den Nährstoffen werden im Kapitel „Inhaltsstoffe unserer Nahrung“ (Seite 16) ausführlich erklärt.

Gemüse liefert vor allen Dingen wasser- und fettlösliche Vitamine, Mineralstoffe, sekundäre Pflanzenstoffe und Ballaststoffe. Gemüse wird in der Beikost zur Mittagsmahlzeit gegeben, am besten kombiniert mit Kartoffeln, Fleisch/Fisch und Öl. Es lässt sich aber auch als Geschmackszutat in Form von Saft oder Mus in den Milch-Getreide-Brei einrühren. Geeignete regionale Gemüsesorten für die Beikost eingeteilt nach der Saison sind:

- Frühjahr: Pastinaken, Kohlrabi, Spinat, Hokkaidokürbis und Möhre evtl. aus Lagerbeständen
- Sommer: Möhre, Blumenkohl, Brokkoli, Zucchini, Fenchel, Auberginen
- Herbst: Hokkaidokürbis, Möhre, Kohlrabi, Blumenkohl, Spitzkohl, Brokkoli, Fenchel, Rote Bete
- Winter: Pastinake, Kürbis, Möhre, Spinat, Rote Bete

Tipps für den Einkauf

Achten Sie beim Einkauf von Gemüse besonders auf die Frische. Blätter und Blüten sollten frisch und elastisch sein, z. B. bei Spinat und Brokkoli. Wurzel- und Stängelgemüse wie Möhre und Fenchel sind fest und knackig, Fruchtgemüse wie Auberginen sollten glänzen. Die Schnittflächen am Strunk sind feucht und hell (z. B. beim Brokkoli). Empfehlenswert ist Gemüse aus kontrolliert biologischem Anbau; regionales und saisonales konventionelles Gemüse können Sie ebenfalls verwenden. Das A und O ist immer die Frische, darauf sollten Sie unbedingt achten. Je frischer das Gemüse ist, umso mehr wertgebende Inhaltsstoffe hat es! Viele frisch eingekaufte Gemüsesorten lassen sich im Gemüsefach des Kühlschranks lagern.

Muss es „Bio“ sein?

Bei Biogemüse gibt es verschiedene Qualitäten auf dem Markt. Gemüse nach der EU-Bioverordnung bekommen Sie auch im Supermarkt oder bei den Discountern. Demeter- oder Bioland-Gemüse z. B. erhalten Sie nur im Bioladen, auf dem Biomarkt oder in Gemüse-Abo-Kisten. Dies ist, wenn es frisch ist, sicherlich höchstwertig. Biogemüse aus dem Supermarkt ist dann eine gute Alternative, wenn der regionale Aspekt berücksichtigt ist. Konventionelles Gemüse kann verwendet werden, wenn es frisch aus der Region kommt und somit auch saisonal ist. Der Trumpf des Biogemüses liegt bei der Zubereitung für die Beikost besonders im Geschmack. Tiefkühlgemüse, unabhängig davon, ob es konventionell oder biologisch produziert wurde, ist immer schon einmal erhitztes Gemüse. Es wird blanchiert, um die Farbe und die Struktur des Gemüses zu erhalten, und ist somit weniger nährstoffreich als frisches Saisongemüse (kann aber in Ausnahmefällen eine praktische Notreserve sein). Achten Sie beim Einkauf darauf, dass das Gemüse nicht gewürzt ist (Spinat ohne „Blubb“) und die Kühlkette beim Transport nicht unterbrochen wird. Gemüse aus dem eigenen Garten kann für die Beikost sehr gut roh eingefroren werden. Hier kommt es eben nicht auf die Farbe und die Struktur, sondern auf den Nährstoffgehalt an.

So halten Sie Gemüse frisch

- Wurzelgemüse, Möhre und Pastinake können Sie sehr gut in einer Kunststoffdose mit einem Siebeinsatz am Boden zwei bis drei Wochen im Kühlschrank frisch halten. Alternativ wickeln Sie das Gemüse in ein feuchtes Küchenhandtuch, welches Sie bei Bedarf neu anfeuchten, und lagern Sie es im Gemüsefach des Kühlschranks.
- Kohlrabi und Rote Bete lassen sich ohne Grün ein bis zwei Wochen im Gemüsefach problemlos lagern.
- Blumenkohl, Brokkoli und Fenchel halten sich zwei bis fünf Tage im Kühlschrank, entweder in einer Kunststoffdose mit Siebeinsatz oder in einem Tiefkühlbeutel verpackt.
- Zucchini und Auberginen bleiben eine Woche im Gemüsefach frisch, doch der Aubergine darf es nicht zu kalt werden, da sie sonst fault.
- Hokkaidokürbis lässt sich bis zu vier Wochen auf der Fensterbank lagern – ist er einmal geöffnet und entkernt, können Sie ihn im Tiefkühlbeutel einfrieren oder zwei bis drei Tage im Kühlschrank aufbewahren.
- Spinat sollte innerhalb von ein bis zwei Tagen verarbeitet werden. Kartoffeln lagern Sie kühl, luftig, trocken und dunkel bis zu mehrere Monate.

Tipps für die Zubereitung

Gemüse wird für die Beikost gründlich geputzt, evtl. geschält, schnell verarbeitet und schonend im Siebeinsatz bzw. im Dampfgarer gedämpft oder mit Wasser bedeckt gedünstet. Je schneller Sie das Gemüse verarbeiten, desto geringer sind die Nährstoffverluste. Achten Sie darauf, dass es wirklich bissfest gegart wird, anschließend wird es mit der Garflüssigkeit – auch beim Dampfgarer – püriert. Bissfest heißt, dass Sie, wenn Sie mit einem Gemüsemesserchen in das Gemüse hineingehen, es erst ein bisschen weich, dann sehr hart und dann wieder ein bisschen weich ist. Bissfest gegartes Gemüse lässt sich nicht mit der Gabel zerdrücken. Ausnahmen sind hier Kartoffeln, Kürbis und Erbsen, die weich gegart werden.

Das Gemüse wird in der Beikost gegart angeboten. So sind die Mineralstoffe besser verfügbar und einige Vitamine sind nach dem Erhitzen auch wirksamer. Ballaststoffe sind nach dem Garen besser verträglich. Gegen Ende der Beikost können Sie dann Ihrem Kind ein kleines Stückchen Gemüse roh unter den Brei pürieren.

Obst

Obst liefert vor allen Dingen wasser- und fettlösliche Vitamine, Mineralstoffe, Fruchtsäuren, Fruchtzucker, sekundäre Pflanzenstoffe und Ballaststoffe. Obst hat in der Beikost seinen festen Platz im Obst-Getreide-Brei und als Geschmackszutat in Form von Saft oder Mus im Milch-Getreide-Brei. Weiche Obstsorten wie reife Birnen, Bananen, Melonen und Himbeeren, können die Kinder schon früh am Stück essen.

Geeignete regionale Obstsorten für die Beikost eingeteilt nach der Saison sind

- im Frühjahr: Birnen, Äpfel (evtl. als Lagerware),
- im Sommer: Himbeeren, Mirabellen, evtl. aus Frankreich oder aus Italien Aprikosen, Pfirsiche, Nektarinen, Melonen,
- im Herbst/Winter: Äpfel, Birnen, Pflaumen.
- ganzjährig als nicht regionales Obst: Bananen, Khaki, Mango, Kiwi, Papaya.

Tipps für den Einkauf

Achten Sie auch beim Einkauf von Obst besonders auf die Frische. Auch bei Obst ist es empfehlenswert, auf regionale, saisonale Ware aus kontrolliert biologischem Anbau zurückzugreifen. Frisches, konventionell angebautes regionales Obst ist ebenfalls möglich. Allerdings macht sich besonders bei Äpfeln ungespritzte Ware bezahlt, da sich 70 Prozent der Vitamine und der sekundären Pflanzenstoffe in bzw. direkt unter der Schale befinden. Achten Sie bei den Äpfeln darauf, eine süße Apfelsorte zu verwenden. Frühe Äpfel, wie Elstar, Gravensteiner, Holsteiner Cox, James Grieve, sind direkt nach der Ernte zum Verzehr geeignet. Die Lageräpfel, die bis in das Frühjahr angeboten werden, sind Jonagold, Golden Delicious (enthält sehr wenig Säure und ist deshalb besonders geeignet) und Cox Orange. Der Boskoop eignet sich wegen seiner starken Säure und geringen Süße nicht für die Beikost.

Vollreife Äpfel sind an ihrem Duft zu erkennen. Sie können sie problemlos kühl und luftig mehrere Wochen lagern. Birnen sind eher empfindlich, darum eignen sie sich weder zum Transport noch zur Lagerung. Beim Einkauf sollten Sie darauf achten, dass die Früchte unbeschädigt sind, so lassen sie sich bis zu zehn Tage im Gemüsefach des Kühlschranks aufbewahren. Unreife Birnen reifen innerhalb von 2–3 Tagen bei Zimmertemperatur gut nach. Besonders geeignet für die Beikost ist die Sorte „Conference“.

Himbeeren, Mirabellen, Aprikosen, Pfirsiche, Nektarinen und Melonen sollten Sie frisch einkaufen und möglichst am gleichen Tag verzehren. Die Früchte sollten unversehrt sein, ihre Reife erkennen Sie am Duft. Bananen sollten auf jeden Fall „Bio“ sein, da die konventionell angebauten Bananen sehr stark behandelt werden. Unreife Bananen lassen Sie ein paar Tage reifen, nur dann entwickeln sie ihre Süße und sind auch besser verträglich.

Tipps für die Zubereitung

Obst kann von Anfang an in der Beikost frisch und roh angeboten werden. Hierfür ist es auch nicht erforderlich, das Obst zu schälen – Bananen müssen natürlich geschält werden. Früchte wie Äpfel und noch nicht ganz reife Birnen werden roh püriert, weiche Früchte wie Himbeeren, Melonen und Bananen werden mit der Gabel zerdrückt und können häufig auch schon als „Fingerfood“ angeboten werden. Das Obst wird deswegen roh und frisch angeboten, weil man hier die volle Wirksamkeit des Vitamin C nutzen möchte. Das Vitamin C sorgt auch dafür, dass das Eisen aus dem Getreide besser aufgenommen wird, so wie es im Obst-Getreide-Brei kombiniert wird.

Getreide

Getreide liefert vor allen Dingen Ballaststoffe, B-Vitamine, Mineralstoffe und Energie in Form von Stärke und mehrfach ungesättigten Fettsäuren. Die wertvollsten Nährstoffe befinden sich im Keim und in den Randschichten des Getreidekorns, welche nur in 100%igen Vollkornprodukten enthalten sind. Getreide erhält Ihr Kind im Obst- und im Milch-Getreide-Brei sowie auch im vegetarischen Gemüsemus, in Vollkornnudeln, Couscous, Bulgur und Hirse – diese können ebenfalls mit Gemüse kombiniert werden.

Achten Sie auf das Gluten

Für die Beikost geeignet sind: Weizen, Dinkel, Hafer und Gerste als glutenhaltige Getreidesorten sowie Hirse und Reis (Quinoa, Amaranth, Mais sind nur eingeschränkt empfehlenswert) als glutenfreie Getreidesorten. Die Einführung von glutenhaltigen Getreidesorten, solange noch Muttermilch gegeben wird, führt zu einem um 50 Prozent gesenkten Zöliakierisiko. Deshalb sollte ab dem fünften Lebensmonat sowohl glutenfreies als auch glutenhaltiges Getreide eingesetzt werden (Seite 109).

So halten Sie Getreide frisch

Kaufen Sie das Getreide möglichst aus kontrolliert biologischem Anbau ein und lagern Sie es trocken und dunkel in gut schließenden Gläsern oder Vorratsdosen. Frisch gemahlenes Vollkornmehl, welches Sie sich auf Vorrat im Bioladen mahlen lassen können, sollten Sie in einer Vorratsdose einfrieren. Sie können es täglich problemlos gefroren für die Breiherstellung nutzen. Haben Sie die Möglichkeit, Ihr Getreide zu Hause frisch zu mahlen oder zu flocken, verarbeiten Sie es am besten sofort. Gekaufte Getreideflocken sind schon gedämpft worden, wodurch sie einige Wochen haltbar sind.

Für die Beikost bieten viele Hersteller unterschiedliche Getreide als Instantprodukt an. Es handelt sich hier um ein reines Getreideprodukt – verwechseln Sie diese nicht mit den Getreide-Milch-Instantbreien! Hierfür wird das Getreide als ganzes Korn gegart, sodass die Stärke verkleistert ist, anschließend wird es getrocknet und in feinste Flöckchen geschnitten. Instantgetreide lässt sich sofort auch in kalte Flüssigkeit einrühren. Angebrochene Packungen sollten Sie entweder sofort in ein dicht schließendes Gefäß umfüllen oder mit einem Clip-Verschluss sicher verschließen.

Tipps für die Zubereitung

Getreide wird immer gegart bzw. verbacken angeboten, nur dann ist es gut verträglich und seine Inhaltsstoffe können gut aufgenommen werden. Reiswaffeln, Dinkelstangen, Vollkornbrötchen und Vollkornbrot sind für die Beikost geeignet. Brot und Brötchen können auch mit Roggenmehl gebacken sein. Hier haben die Vollkornprodukte neben ihren ernährungsphysiologischen Vorteilen noch den Vorteil, dass sie im Mund Ihres Kindes nicht verklumpen wie die Weißmehlprodukte und Ihr Kind sich dadurch nicht so leicht verschluckt.

Milch

Milch ist die wichtigste Kalziumquelle, liefert daneben aber auch Jod, Vitamin B_2 und Vitamin B_{12}, hochwertiges Eiweiß und fettlösliche Vitamine. In der Beikost wird die Milch in Form von Milch-Getreide-Brei angeboten.

Welche Milch ist die richtige?

In der Beikost verwenden Sie möglichst frische, das heißt pasteurisierte (!) 3,5–3,8%ige Kuhmilch. Wenn Sie diese nicht mehr bekommen, sondern nur die sog. ESL-Milch (extended shelf life = längere Haltbarkeit im Regal), können Sie diese auch verwenden. Sie können eine frische Milch von einer ESL-Milch daran unterscheiden, dass die frische Milch fünf bis sieben Tage gekühlt haltbar ist, die ESL-Milch zwölf bis 21 Tage gekühlt haltbar ist. Biomilch bietet über ihren höheren Vitamin-Gehalt und ihren natürlicheren Geschmack einen großen Vorteil. Ob die Milch homogenisiert oder nicht homogenisiert ist, spielt in der Beikost keine Rolle. Bei der homogenisierten Milch ist das gesamte Milchfett fein verteilt, nicht homogenisierte Milch rahmt auf und ist nur in Flaschen zu beziehen. Milch lagern Sie im Kühlschrank bis zum Mindesthaltbarkeitsdatum. Einmal angebrochene Milch, ob in der Flasche oder im TetrapaK ist im Kühlschrank fünf bis sechs Tage haltbar. H-Milch sowie Laktose-freie Milch sollten Sie meiden.

Tipps für die Zubereitung

Verwenden Sie ein Getreide-Instantprodukt, muss die Milch nicht abgekocht werden, da sie durch das Pasteurisieren schon abgekocht ist. Als Trinkmilch zu einer Brotmahlzeit sollte sie erst gegen Ende der Beikost gereicht werden, wenn der Milch-Getreide-Brei durch die Brotmahlzeit ersetzt wird. Sauermilchprodukte wie Joghurt und Quark werden ebenfalls erst zum Ende der Beikost gegeben.

Fleisch/Fisch

Fleisch ist die wichtigste Eisenquelle für den Menschen, liefert daneben aber auch wertvolles Eiweiß, B-Vitamine und andere Mineralstoffe. Das Eisen aus Fleisch ist um ein Vielfaches besser verfügbar als das aus pflanzlichen Produkten, z. B. Getreide oder Gemüse. Hochseefisch liefert Jod, Omega-3-Fettsäuren und Eiweiß. Fleisch sollte mindestens zweimal und Fisch ein- bis zweimal pro Woche gekocht/gedünstet angeboten werden.

Tipps für den Einkauf

Für die Beikost geeignet sind in der Hauptsache mageres Rindfleisch, Lammfleisch oder Putenfleisch. Putenfleisch sollte auf jeden Fall aus artgerechter Tierhaltung stammen, bei den beiden anderen Fleischsorten ist dies ebenfalls empfehlenswert, aber nicht zwingend notwendig. Putenfleisch aus artgerechter Tierhaltung hat einen höheren Eisengehalt – und auf gerade diesen Mineralstoff kommt es beim Fleisch an. Achten Sie auf fettarme Fleischstücke, bei Rind ist die Hüfte oder das Filet gut geeignet, bei Lamm das Filet und bei der Pute die Brust. Beim Metzger können Sie Rindfleisch auch direkt als Gehacktes (Hüfte) oder Tatar (Filet) einkaufen. Lammfleisch und Putenbrust werden Ihnen nur auf Wunsch als Gehacktes verkauft. Durch den Fleischwolf durchgelassenes Fleisch hat den großen Vorteil gegenüber ganzen Fleischstücken, dass es sehr schnell gart. Nachteilig ist allerdings, dass es nach dem Einkauf sofort und unmittelbar verarbeitet werden muss, da es sonst hygienisch bedenklich ist. Verwenden Sie Fleisch frisch oder frieren Sie es roh bzw. gegart und portioniert zum Beispiel in einer Eiswürfelform für bis zu drei Monate ein.

Für die Beikost geeignet ist fetter Hochseefisch – z. B. Lachs. Fisch können Sie frisch oder als TK-Ware einkaufen. Achten Sie darauf, dass der Fisch das MSC-Siegel trägt. TK-Fisch hat sehr häufig den Vorteil, dass er frischer ist als der im Binnenland frisch angebotene Fisch. Fisch lässt sich gegart nicht einfrieren, da die Struktur des Fischeiweißes durch das Einfrieren leidet.

Fette

Fette dienen in der Beikost dazu, den Kindern konzentrierte Energie zuzuführen. Daneben sind Fette Träger von Vitaminen und Geschmacksstoffen. Pflanzliche Fette (Öle) liefern einfach- und mehrfach-ungesättigte Fettsäuren. Das Öl wird in das Gemüsemus bzw. in das Gemüse-Kartoffel-Mus mit Fleisch/Fisch sowie auch in den Getreide-Obst-Brei kalt eingerührt. Das Fett wird niemals mit dem Brei erhitzt und soll auch nicht mit dem Mus/Brei eingefroren werden.

Tipps für den Einkauf

Für die Beikost geeignet sind Rapsöl oder ein mildes Leinöl, kalt gepresst und unraffiniert. Achten Sie bei dem Einkauf des Öls darauf, dass es aus kontrolliert biologischem Anbau stammt. Pflanzenschutzmittel binden sich bevorzugt an Fett. Daher ist es umso wichtiger, darauf zu achten, dass ein fetthaltiges Lebensmittel aus kontrolliert biologischem Anbau bzw. artgerechter Tierhaltung stammt.

Kalt gepresstes und unraffiniertes Pflanzenöl ist nur als Bioware erhältlich. Ein weiterer Vorteil des kalt gepressten gegenüber dem heiß gepressten konventionellen Öl ist der höhere Gehalt an sekundären Pflanzenstoffen und Vitaminen – abgesehen von dem deutlich besseren Geschmack. In vielen Veröffentlichungen findet sich noch die Empfehlung, in der Beikost raffiniertes heiß gepresstes Öl zu verwenden, um die Aufnahme von möglichen Schmutzstoffen, die sich in kalt gepressten Ölen unter Umständen nachweisen lassen, zu verhindern. Allerdings ist es erwiesen, dass der kindliche Verdauungstrakt mit 5–6 Monaten mit diesen möglichen Verunreinigungen problemlos zurechtkommt und somit die positiven Aspekte des kalt gepressten unraffinierten Bio-Öls deutlich überwiegen. Hinzu kommt, dass in einem Test der Zeitschrift „Ökotest" zu Säuglingsmilchnahrung im Jahr 2008 alle Produkte mit „mangelhaft" bewertet wurden, da in ihnen ein durch die Raffination der Öle überhaupt erst entstandener Schadstoff (3-MCPD-Fettsäureester) nachgewiesen wurde – ein weiterer wichtiger Grund, das vollwertige Bioprodukt zu wählen.

Die gerade neu angebotenen „Beikost-Öle" im Bioladen sind gedämpfte Mischöle, die zum einen sehr teuer, zum anderen aber eben hitzebehandelt sind. Eigentlich können Eltern und Kinder stets die gleichen Öle verwenden – das ist gesund, praktisch und viel preisgünstiger! Die Hersteller dieser speziellen Beikost-Öle werben damit, dass ihre Öle reich an mehrfach ungesättigten Fettsäuren sind, allerdings ist der Anteil dieser Fettsäuren unabhängig von Herkunft und Verarbeitung – also in „normalem" Bio-Rapsöl und auch im konventionellem Rapsöl – genauso hoch!

Der Vorteil des kalt gepressten unraffinierten Bio-Öls gegenüber konventionellem Öl ist, dass es keine Pflanzenschutzmittel enthält, einen höheren Gehalt an sekundären Pflanzenstoffen wie Vitaminen und Geschmacksstoffen aufweist und für die ganze Familie gut einsetzbar ist. Das ist das Öl, das Ihr Kind auch nach der Zeit der Beikost bekommt.

Bewahren Sie einmal angebrochenes Öl zur besseren Haltbarkeit im Kühlschrank auf. Denn je mehr ungesättigte Fettsäuren ein Öl enthält, desto empfindlicher ist es gegen äußere Einflüsse wie Licht, Luft und Wärme.

Lotta isst nicht zu Hause

Lotta ist vier Monate alt und Christian freut sich auf zwei Monate Elternzeit. Dann geht Lotta zur Tagesmutter, später in die KiTa. Irgendwann steht auch der Sommerurlaub an.

Nun verändern sich die Randbedingungen. Katrin ist nicht mehr ständig verfügbar, Christian kann Lotta aber zu Stillmahlzeiten zu Katrin bringen, weil sie an ihrer Arbeitsstelle die Möglichkeit hat, zu stillen oder auch in Ruhe Milch abzupumpen.

Christian ist mit Lotta allein zu Haus.

Was ist los? Wie kann Christian Lotta zwei Muttermilchmahlzeiten pro Tag geben?

Katrin kann morgens vor der Arbeit, am späten Nachmittag und am Abend ganz normal stillen. Zwei Milchmahlzeiten müssen die drei also jetzt planen. Lotta wird einmal gestillt und bekommt einmal abgepumpte Milch.

Katrins Arbeitgeber ist darauf eingestellt, dass Katrin Zeit und einen ruhigen Raum zum Stillen oder Abpumpen hat. Katrin hat auch schon im Vorfeld geklärt, dass Lotta einmal täglich zu Besuch kommt und dass sie die abgepumpte Milch im Kühlschrank aufbewahren kann.

Die Tagesmutter oder die KiTa kochen nicht für Lotta.

Was ist los? Wie kommt Lotta an ihr Essen?

Christians Elternzeit ist vorüber und Lotta darf zur Tagesmutter. Morgens und am Abend kann Katrin sie stillen, zwei Beikostmahlzeiten bekommt sie bei der Tagesmutter – aber Lotta bringt ihr Essen mit.

Den Obst-Getreide-Brei für den Vormittag bereiten Christian und Katrin morgens frisch zu. Das Gemüse-Kartoffel-Mus bereiten sie am Sonntag in sechsfacher Menge zu (eine Portion wird direkt verputzt) und füllen es in Gläser ab. Nach dem Herunterkühlen kommt eine Portion – die für den Montag – in den Kühlschrank, die vier anderen werden tiefgekühlt. Christian stellt am Vorabend ein tiefgekühltes Menü in den Kühlschrank, Katrin stellt morgens noch das Fett dazu. Lotta nimmt ihre beiden Breiportionen in der Minikühltasche mit zur Tagesmutter oder KiTa, wo diese dann erwärmt werden. Fleisch und Fisch? Das gibt es am Wochenende!

Lotta is(s)t in Italien im Restaurant.

Was ist los? Wie schaffen sie es, Lottas Essen „ambulant" zuzubereiten?

Im Sommer machen die drei Urlaub im Hotel – auf dem Zimmer gibt es nur einen Wasserkocher und eine Minibar. Pizza und Pasta sind ja noch keine Alternative.

Christian und Katrin ist es wichtig, Lotta auch im Urlaub weiterhin frisch zubereitetes Essen anzubieten. Im Vorfeld haben die beiden schon geklärt, dass es für die Hotelküche kein Problem ist, Lotta mittags Gemüse-Kartoffel-Mus zu servieren. Für die anderen Mahlzeiten nehmen sie genügend Getreide-Instantprodukte sowie das Öl mit. Milch und weiches Obst kaufen sie vor Ort oder nehmen es vom Frühstücksbuffet mit. Für die Tagesausflüge haben sie zwei Aufbewahrungsgefäße von zu Hause mitgenommen, stellen aber sehr schnell fest, dass Lotta fast überall ihr Spezialmenü bekommt.

Getränke

In der Beikost dienen Getränke allein dazu, dem Körper energiefrei Flüssigkeit zuzuführen. Der Genusswert von Getränken sowie die mögliche Zufuhr z. B. von Mineralstoffen und auch die Heilwirkung z. B. von Tees sind sekundär. Wasser und Tee werden kalt oder warm und frisch zubereitet angeboten. Erst wenn Ihr Kind drei volle Beikostmahlzeiten isst, muss es überhaupt zusätzlich trinken. Vorher ist das eher nur ein Spiel.

Tipps zum Wasser

Für die Beikost eignen sich Trinkwasser, Mineralwasser mit und ohne Kohlensäure sowie dünn gekochte ungesüßte und nicht aromatisierte Tees möglichst in Bioqualität. Hier sollten Tees mit Heilwirkung wie z. B. Fencheltee nur im Bedarfsfall angeboten werden. Für den täglichen Bedarf eignen sich sehr gut Früchtetees (Hagebutte, Apfelschalen.). Das Trinkwasser muss nicht abgekocht werden. Heute sind Bleirohre nicht mehr problematisch – sie kommen nur noch sehr selten vor, und wenn sie vorkommen, sind sie inzwischen dort, wo kalkhaltiges Wasser aus der Leitung kommt, genügend verkalkt, sodass sie keine Gefahr mehr darstellen. Kupferrohre geben in den ersten drei Jahren nach ihrer Installation in Gegenden, in denen saures Wasser aus der Leitung kommt, Kupferionen ab, danach nicht mehr. Bei kalkhaltigem Wasser sind sie von vorneherein unproblematisch. Um „auf Nummer sicher“ zu gehen, betätigen Sie morgens zwei Mal die Toilettenspülung und lassen den Wasserhahn in der Küche einen Moment lang laufen, dann können Sie das aus der Leitung fließende Wasser bedenkenlos für Ihr Kind verwenden.

Sie sollten sich allerdings bei Ihrem Wasserwerk erkundigen, ob das Trinkwasser einen Natriumgehalt von unter 20 mg/Liter sowie einen Nitratgehalt von unter 10 mg/Liter hat. Diese Werte können Sie auf den Mineralwasserflaschen auch selbst erkennen, häufig wird dieses Wasser auch deklariert als „Für die Säuglingsernährung geeignet“. In einigen Gebieten Deutschlands ist das Trinkwasser mit Spuren von Uran belastet. Der derzeit geltende gesetzliche Grenzwert liegt bei 2 Mikrogramm/Liter für die Säuglingsernährung. In der Beikost ist eine geringfügige Überschreitung, anders als bei Flaschennahrung, nicht kritisch, da die Menge, die getrunken wird, verhältnismäßig gering ist.

Rezepte

Eins-zwei-drei, so einfach geht der Brei – mit einigen schnellen und unkomplizierten Rezepten sind Sie dabei. Beikost herzustellen bedarf keiner hohen Kochkunst – hier wird weder flambiert noch tranchiert, sondern nur püriert. Sie werden sehr schnell merken, dass Sie die Rezepte nach zweimaligem Kochen schon zur Seite legen können, denn schnell passen Sie sie Ihrem eigenen Kochstil an und wissen die paar Zutaten und Mengen auswendig. Als Gedankenstütze finden Sie aber am Ende des Buches die drei Grundrezepte zum Herausnehmen auf Karteikarten. Diese können Sie dann an Ihren Kühlschrank heften. Sicherlich werden sich auch Ihre Mutter/Schwiegermutter, die Tagesmütter oder der Babysitter über die Rezepte am Kühlschrank freuen. Fahren Sie in Urlaub, nehmen diese Karten kaum Platz im Urlaubsgepäck ein.

Die kleine Küchenausstattung

- Küchenwaage
- Sparschäler, Küchenmesser, Schneebesen
- kleiner Topf mit einem gut schließenden Deckel oder Dampfgarer bzw. spezieller Dampfgarer für die Beikost
- Pürierstab und Pürierbecher
- Eiswürfelform
- 250–300 ml fassende Gefäße (Schraubgläser oder Kunststoffbehälter) zum Aufbewahren und Einfrieren

Gemüsemus

Für ca. 30–50 g
10 Min.

20–40 g Gemüse • ½ TL Rapsöl

- Das Gemüse waschen und putzen, evtl. schälen und mit Wasser bedeckt aufsetzen und etwa 8 Minuten kochen – es sollte noch bissfest sein. Mit dem Wasser in einem Pürierbecher fein pürieren, Öl dazugeben.

TIPP Sicherlich, das ist eine kleine Menge, aber was spricht dagegen, einfach etwas mehr zu garen und für eine Suppe oder Nudelsauce für sich selbst zu nutzen. Seien Sie es sich wert! Beginnen Sie die Beikost mit milden Gemüsesorten, wie z. B. Möhren, Hokkaidokürbis, Pastinaken oder Blumenkohl.

Gemüse-Kartoffel-Mus

Für ca. 200 g
13 Min.

50 g Kartoffeln • 100 g Gemüse • 1 EL Rapsöl

- Kartoffeln schälen und in feine Scheiben schneiden. Mit Wasser bedeckt in einem kleinen Topf mit Deckel aufsetzen.

- Während die Kartoffeln schon beginnen zu garen, das Gemüse säubern, evtl. schälen und in 2–3 cm große Stücke schneiden und auf die Kartoffeln geben. Nach dem ersten Aufkochen die Temperatur reduzieren und acht Minuten weitergaren. Das Gemüse ist dann bissfest und die Kartoffeln weich gegart.

- Beim Dämpfen im Dampfgarer garen Sie die in feine Scheiben geschnittenen Kartoffeln und das relativ grob geschnittene Gemüse gemeinsam in ca. fünf Minuten.

- Anschließend das Gemüse mit den Kartoffeln und dem Wasser fein pürieren, eventuell noch Wasser hinzugeben, um die gewünschte Konsistenz einzustellen.

- Zum Schluss das Öl unbedingt frisch hinzufügen.

Gemüse-Kartoffel-Mus mit Fleisch/Fisch

Für 1 Portion
13 Min.

- 20 g Fleisch oder
- 20 g fetter Hochseefisch
- 50 g Kartoffeln
- 100 g Gemüste
- 1 EL Rapsöl

● Schneiden Sie das Fleisch oder den Fisch in dünne Scheiben und garen Sie es zusammen mit den Kartoffeln und dem Gemüse wie beim Gemüse-Kartoffel-Mus (Seite 118) beschrieben.

● Grätenlosen Fisch können Sie genau so zubereiten wie das Fleisch, wenn Sie sich unsicher sind, lieber separat dünsten und dann genau kontrollieren.

● Fleisch gibt es mindestens ein- bis zweimal pro Woche, Fisch einmal pro Woche!

Gemüse-Kartoffel-Brei – vegetarisch

Für ca. 200 g
13 Min.

- 100 g Gemüse
- 50 g Kartoffeln
- 1 EL Hafer-, Roggen- oder Hirseflocken (Vollkorn), rote Linsen
- 1 EL Rapsöl/Leinöl
- 50 ml Obstsaft (mindestens 40 mg Vit. C/100 ml)

Sie bereiten das Gemüse-Kartoffel-Mus (Seite 118) beschrieben zu. Sie müssen lediglich die Getreideflocken bzw. die roten Linsen mit garen und pürieren. Zu dem Brei bieten Sie Ihrem Kind den Saft zum Trinken an.

Wie wird das Gemüse gleichzeitig mit der Kartoffel gar?

Gemüse, das eine längere Garzeit benötigt, um bissfest gegart zu werden, z. B. die Möhre, schneiden Sie einfach in kleinere Stücke; Gemüse, das eher eine geringere Garzeit benötigt, z. B. Brokkoli, schneiden Sie in größere Stücke. Die Kartoffel wird immer sehr fein geschnitten, so ist alles zeitgleich fertig gegart.

Was heißt eigentlich „bissfest gegart“?

Sie garen das Gemüse bissfest, damit die Ballaststoffe sich nicht zu stark zersetzen, die sekundären Pflanzenstoffe bestmöglich erhalten bleiben und die temperaturempfindlichen Vitamine ihre größtmögliche Wirksamkeit behalten. Sie erkennen bissfest gegartes Gemüse im Topf daran, dass Sie, wenn Sie mit einem spitzen Küchenmesserchen in das Gemüse hineinstechen, zunächst durch eine weiche Randschicht stoßen, im Inneren jedoch eine festere Konsistenz spüren.

TIPP Geben Sie diesen Gemüse-Kartoffel-Brei täglich, können Sie Ihr Kind auch vegetarisch ernähren – dann aber täglich frisch zubereitet (lassen Sie sich von Ihrem Kinderarzt oder Ihrer Ernährungsberaterin beraten). Ihr Kind ist dann auch mit Eisen und Eiweiß gut versorgt. Dieses Rezept ist aber auch für nicht vegetarisch ernährte Kinder geeignet an den Tagen, an denen es weder Fleisch noch Fisch gibt.

Obst-Getreide-Brei

Für ca. 200–250 g
⏲ 3 Min.

- 1 geh. EL Vollkorn-Haferflocken (Kleinblatt) oder Hirseflocken
- 50 ml Wasser (kaltes Leitungswasser)
- 100–150 g Obst
- 1 TL Rapsöl oder weißes Mandelmus

● Haferflocken mit Wasser im Pürierbecher kurz einweichen.

● Obst waschen, evtl. entkernen, klein schneiden und in den Pürierbecher zu dem eingeweichten Getreide geben. Zusammen gut durchpürieren.

● Zum Schluss das Fett unbedingt frisch hinzufügen.

● Diesen Brei immer nur frisch zubereiten, er hält sich kühl aufbewahrt nur 4–5 Stunden!

Milch-Getreide-Brei

Für 200–250 g
5 Min.

- 200 ml Vollmilch (3,5–3,8 % Fett)
- 2,5 EL Weizen- oder Dinkel-Vollkorngrieß
- 3–4 EL Obst- oder Gemüsesaft/-mus

- Die Milch mit dem Vollkorngrieß 2–3 Min. unter Rühren kochen.
- Evtl. mit Obst- oder Gemüsesaft/-mus abschmecken.
- Alternativ rühren Sie 6–7 EL Getreide-Instantprodukt in die lauwarme Milch ein.
- Bereiten Sie den Brei anfangs mit einer Halbmilch (100 ml Milch, 100 ml Wasser) zu und steigern Sie dann in den nächsten 2–3 Wochen die Milchmenge zu Lasten der Wassermenge.

BLW – oder: Brei war gestern?

Auch in der Babyernährung gibt es neue Trends. Einer heißt Baby-led weaning, was bedeutet, dass Ihr Baby seine Beikost selbst einführt, indem es sich selbst füttert.

„Baby-led weaning“, abgekürzt BLW, heißt übersetzt: Vom Kind gesteuerte Entwöhnung, gemeint ist die Muttermilchentwöhnung. Gill Rapley, Hebamme und Stillberaterin, hat diesen Begriff und diese Methode geprägt und damit einer Ernährungsform einen Namen gegeben, welche, so sagt sie, viele Eltern seit Generationen mit ihren Kindern praktizieren. Die Idee, die dahintersteckt, ist, „Stillen nach Bedarf“ im zweiten Lebenshalbjahr mit „Essen nach Bedarf“ zu ergänzen. Evolutionär gesehen haben Kinder immer schon das gegessen – allerdings zerkleinert oder vorgekaut –, was der Rest der Familie isst. BLW geht davon aus, dass Kinder sich mit dem, was sie brauchen, selbst versorgen können. Dazu bieten Eltern eine große Palette vollwertiger Lebensmittel an, das Kind wählt selber aus, greift autonom nach dem Essen und führt es zum Mund. Die Eltern nehmen eine beobachtende Rolle ein. Die Erfahrung zeigt, dass sich das Kind, über einen langen Zeitraum gesehen, vielseitig und vollwertig ernährt. Es gibt allerdings nur Beobachtungsstudien mit einer sehr geringen Teilnehmerzahl und keine Studie besagt, dass bei BLW-Kindern dadurch langfristig ein gesünderes Essverhalten gefördert wird.

BLW im Alltag

Ab dem siebten Monat geht es los, das Kind sitzt selbstständig auf einem Hochstuhl mit einem angehängten Tischchen. Das Angebot besteht aus 8–10 cm langen Sticks aus Gemüse, Obst, Brot oder Fleisch, welche die Eltern auf dieses Tischchen legen. Das Kind wählt dann selbstständig aus. Es umfasst den Stick mit der Faust, sodass oben und unten genug herausschaut, damit es an dem „Überstand" seine Erfahrungen machen kann. Bis zum 9. Monat entdecken BLW-Kinder nur die Lebensmittel. Es geht nicht darum, satt zu werden, sondern darum, Lebensmittel in allen ihren Facetten sinnlich zu erfahren. Erst danach beginnt das Kind, das Lernspiel der vergangenen Monate gezielter zur Nahrungsaufnahme und auch zur Sättigung zu nutzen, angepasst an seine motorischen Fähigkeiten. Solange ein Kind eine Erbse noch nicht selber fassen kann, würde es sich an ihr verschlucken; ist der Pinzettengriff später ausgebildet, zerkleinert es die Erbse im Mund spielend. So geht BLW von einem Zusammenspiel der Fähigkeiten aus – nur was ein Kind auch wirklich kann, soll es tun. Allerdings wird in der BLW-Literatur präzise beschrieben, wie Eltern beim Verschlucken Erste Hilfe leisten können.

BLW ist eine sehr gute und natürliche Methode, ein Kind von der Milch an den Familientisch zu gewöhnen – unter der Voraussetzung,

- dass die Mutter bereit ist, Muttermilch als Hauptenergie- und Nährstoffquelle bis zum 1. Geburtstag und darüber hinaus anzusehen,
- dass sie sich selbst gut ernährt,
- dass die Eltern sich viel Zeit für Mahlzeiten nehmen und anschließend das „Schlachtfeld" vergnügt entsorgen.

Damit das Kind am Familientisch teilnehmen kann, sollten BLW-Eltern auch selbst monatelang nur „nackte" Gemüse-, Obst- und Fleischstücke essen.

Für welche Familien ist BLW geeignet?

Es sind diejenigen Familien,

- die sich selber sehr vollwertig ernähren,
- die Zeit haben,
- die ihr Kind nicht in die Betreuung geben und
- in denen es für die Frau selbstverständlich ist, viel und lange zu stillen, damit eine gute Nährstoffversorgung des Kindes gewährleistet ist.

Zum Beispiel muss die Versorgung mit Omega-3-Fettsäuren über die Muttermilch sichergestellt werden, da das Kind die 1–2 Esslöffel Rapsöl nicht „fassen" kann. Wenn das Kind sich frühzeitig an den Familienmahlzeiten beteiligen soll, dann geht es nicht, ohne dass sich die Eltern an das Kinderessen anpassen – eine Grundvoraussetzung für BLW.

BLW ist eine gute Ernährungsweise für Säuglinge als Vorbereitung auf den Familientisch, entspricht aber nicht der Lebenswirklichkeit im 21. Jahrhundert und ist somit nur von wenigen Familien zu leisten. Eine Kombination aus selbstbestimmtem Essen von stückiger Nahrung und angebotenem Brei ist hingegen für die meisten Familien realistisch, versorgt das Kind mit allen wichtigen Nährstoffen und ist eine gute Vorbereitung auf einen vollwertigen Familientisch.

Ein guter Start mit „Fäustlingen"

Im Folgenden finden Sie einige Rezepte für „Fäustlinge", kleine Gebäckstücke, die Kinder im Beikostalter spielend in der Hand halten und problemlos mit dem Mund abbrechen können, um dann das Stückchen mit der Zunge gegen den Gaumen zerdrücken zu können. Diese haben eine gute Energiedichte und versorgen Ihr Kind mit vielen wichtigen Nährstoffen. Wenn Sie merken, dass Ihr Kind neben den drei klassischen Breien auch Spaß an festem Essen/Elternessen hat, dann probieren Sie doch einfach die folgenden „Fäustling-Rezepte" aus.

Am einfachsten sind sicher die Gemüse-Fäustlinge. Hierzu schneiden Sie einfach Gemüse (Möhre, Kürbis, Kohlrabi, Steckrübe, Brokkoli-Stiele, Pastinake) in 10 cm lange Stifte und dünsten sie nur so lange, dass sie noch so fest sind, dass sie beim Essen nicht mit der Hand zerdrückt werden können.

Apfel-Mandel-Fäustlinge

Für 10–12 Stück

5 Min. + 60 Min. einweichen + 20 Min. backen

50 g feine Haferflocken • 60 ml Mandel- oder Haferdrink • 2 Datteln • 170 g pürierter Apfel • 1 EL Mandelmus • 25 g Dinkel-Vollkorngrieß

- Haferflocken in Mandeldrink mind. 1 Stunde einweichen.
- Den Backofen auf 160 °C vorheizen.
- Die Datteln sehr fein würfeln und mit den restlichen Zutaten unter die Haferflocken rühren. Mit einem Teelöffel ca. 10–12 Häufchen auf ein mit Backpapier ausgelegtes Backblech setzen. Diese Häufchen in eine längliche Form bringen.
- 20 Min. backen. Die Fäustlinge halten sich 4 Tage im Kühlschrank und lassen sich einfrieren.

Kürbis-Möhren-Fäustlinge

Für 10–12 Stück

10 Min. + 60 Min. einweichen + 20 Min. backen

50 g feine Haferflocken • 50 ml Möhrensaft • 100 g Kürbis • 100 g Möhre • 1 EL Rapsöl • 25 g Dinkel-Vollkorngrieß

- Haferflocken in Möhrensaft mind. 1 Stunde einweichen. Kürbis und Möhre würfeln und 5–8 Min. in 50 ml Wasser bissfest garen und pürieren.
- Das Gemüsemus mit dem Öl und dem Grieß unter die Flocken rühren.
- Den Backofen auf 160 °C vorheizen.
- Mit einem Teelöffel ca. 10–12 Häufchen auf ein mit Backpapier ausgelegtes Backblech setzen. Diese Häufchen in eine längliche Form bringen.
- 20 Min. backen. Die Fäustlinge halten sich 4 Tage im Kühlschrank und lassen sich einfrieren.

Kartoffel-Kräuter-Fäustlinge

Für 12–14 Stück
35 Min.+ 20 Min. backen

300 g Kartoffeln, vorwiegend festkochend oder mehlige • 30 g Dinkelvollkornmehl oder Kicherbsenmehl oder Linsenmehl • 2 EL Rapsöl • 1/4 TL Schabzigerklee • 1 EL frische Kräuter (Petersilie, Dill, Basilikum ...)

- Kartoffeln schälen, klein schneiden und in wenig Wasser weich garen. Das Wasser abgießen und aufbewahren.

- Kartoffeln stampfen und die restlichen Zutaten unterkneten. Der Teig sollte gut formbar sein, evtl. mit dem Garwasser oder mit Mehl korrigieren. Backofen auf 180 Grad vorheizen.

- Aus dem Teig längliche Fäustlinge formen (etwas länger als Kroketten) und auf ein mit Backpapier ausgelegtes Backblech setzen und 20 Min. backen.

- Die Fäustlinge halten sich 4 Tage im Kühlschrank.

Dinkel-Rosinen-Fäustlinge

Für 16 Stück
10 Min. + 30 Min. Gehzeit + 15 Min. backen

1/2 Würfel Hefe • 150 ml Reisdrink • 250 g Dinkel-Vollkornmehl • 1 EL Rosinen • 1 EL Rapsöl

- Hefe in Reisdrink auflösen. Das Mehl mit einem Kochlöffel unterrühren und den Teig 10 Min. gut durchkneten. Die Rosinen fein hacken und mit dem Rapsöl unter den Teig kneten.

- Anschließend 30 Min. gehen lassen. Den Teig erneut gut durchkneten und in 16 Teile teilen, Kugeln formen und diese Kugeln in der Mitte taillieren oder zu einer Tropfenform formen. Auf ein mit Backpapier ausgelegtes Backblech setzen.

- Den Ofen auf 180 °C vorheizen.

- Die Fäustlinge ca. 15 Min. backen. Die Fäustlinge halten sich 4 Tage im Kühlschrank und lassen sich einfrieren.

Dinkel-Fäustlinge

Für 16 Stück

10 Min. + 30 Min. Gehzeit + 10 Min. backen

150 ml abgekühlter Fencheltee • ½ Würfel Hefe • 250 g Dinkel-Vollkornmehl • 1 EL Rapsöl

- Hefe in Fencheltee auflösen. Das Mehl mit einem Kochlöffel unterrühren und den Teig 10 Min. gut durchkneten. Das Rapsöl unter den Teig kneten.

- Anschließend 30 Min. gehen lassen. Den Teig erneut gut durchkneten und in 16 Teile teilen, Kugeln formen und diese Kugeln in der Mitte taillieren oder zu einer Tropfenform formen. Auf ein mit Backpapier ausgelegtes Backblech setzen.

- Den Ofen auf 180 °C vorheizen.

- Die Fäustlinge ca. 10 Min. backen. Die Fäustlinge halten sich 4 Tage im Kühlschrank und lassen sich einfrieren.

Dinkelstangen

Für 16 Stück

10 Min. + 45 Min. Gehzeit + 30 Min. backen

½ Würfel Hefe • 250 g Dinkelvollkornmehl • 2 EL Rapsöl

- Hefe in 150 ml lauwarmem Wasser auflösen. Das Mehl einarbeiten und zum Schluss das Rapsöl unterkneten. 10 Min. kneten. 45 Min. zugedeckt an einem warmen Ort gehen lassen.

- Den Backofen auf 200 °C Grad vorheizen.

- Ein aprikosengoßes Stück Teig mit der flachen Hand auf der Arbeitsfläche zu einer etwa 20 cm langen Teigrolle mit einem Durchmesser von 0,8 bis 1 cm formen.

- Die Teigrollen auf ein mit Backpapier ausgelegtes Blech legen und sofort 10 Min. bei 200 °C und weitere 15 bis 20 Min. bei 180 Grad backen.

- Die Dinkelstangen in einer Vorratsdose aufbewahren.

Alternativen zum Weizen- oder Dinkelgrieß

Frisch gemahlenes Getreide, z. B. Hirse, Dinkel, Weizen, Vollkornreis

Frisch gemahlenes Mehl aus dem Bioladen sollten Sie in einer Gefrierdose im Tiefkühlfach aufbewahren. Es lässt sich sehr leicht täglich entnehmen. Wenn Sie eine eigene Mühle besitzen, können Sie auch das Getreide frisch mahlen und direkt verwenden

Getreide-Instantprodukte, z. B. Hirse, Dinkel, Weizen, Reis

Hier rühren Sie 6–7 Esslöffel Getreide-Instantprodukt (nach Packungshinweis) in 200 ml lauwarme Milch ein und geben dann zum Schluss den Obst/Gemüse-Saft bzw. das Mus dazu.

Auf Vorrat zubereitet

Gemüsemus. Bereiten Sie vier Portionen Gemüsemus und streichen Sie dies in eine Eiswürfelform. Decken Sie es gut ab, lassen Sie es schnell abkühlen und im Tiefkühler durchfrieren. Die gefrorenen Gemüsemusklötzchen können Sie dann sehr einfach in einem Gefrierbeutel aufbewahren und bei Bedarf portionsweise entnehmen und im Wasserbad erwärmen. Das Fett fügen Sie immer frisch dazu.

Gemüse-Kartoffel-Mus. Stellen Sie vier Portionen Gemüse-Kartoffel-Mus her, von denen Sie eine direkt Ihrem Kind geben. Die drei übrigen Portionen füllen Sie in passende Schraubgläser und kühlen diese in einem kalten Wasserbad 20–30 Minuten ab. Eine Portion kommt für den nächsten Tag in den Kühlschrank, die beiden anderen in den Tiefkühler. Die eingefrorenen Portionen nehmen Sie jeweils am Abend vorher aus dem Tiefkühler in den Kühlschrank, sodass der Inhalt am nächsten Tag aufgetaut ist. Wärmen Sie das Gemüse im Glas im Wasserbad auf – praktisch ist es auch, das Gemüse im Wasserkocher zu erhitzen. Dazu geben Sie das geschlossene Glas mit dem Gemüse-Kartoffel-Mus in den Wasserkocher, geben so viel Wasser hinzu, dass es zu ⅔ seiner Höhe im Wasser steht, lassen das Wasser einmal aufkochen und warten dann weitere fünf Minuten ab. Das Fett geben Sie immer frisch dazu.

Diese Methode gewährleistet, dass Ihr Kind wenigstens zweimal in der Woche frisch zubereitetes Mittagessen bekommt. Denn frisch zubereitet schmeckt und versorgt das Essen es am besten!

Fleisch. Schneiden Sie 500 g Fleisch in Würfel, bedecken Sie es in einem Topf mit Wasser, lassen Sie es 45 Minuten köcheln (damit es gut weich ist und sich gut pürieren lässt) und pürieren Sie es mit dem Kochwasser. (Wenn Ihnen der Geruch von gekochtem Fleisch unangenehm ist, können Sie Suppengrün mit garen). Den Fleischbrei können Sie in eine Eiswürfelform streichen, abdecken, abkühlen und durchfrieren lassen. Anschließend werden die gefrorenen Fleischwürfel in einem Tiefkühlbeutel aufbewahrt und portionsweise entnommen.

Fisch. Fisch sollten Sie nicht gegart einfrieren, da sich die Konsistenz stark ändert. Allerdings können Sie problemlos von einem gefrorenen Fischfilet 20 g mit einem Sägemesser abschneiden und dann frisch zubereiten. Das heißt, Sie geben dieses Stückchen gefrorenen Fisch mit zu dem Gemüse und den Kartoffeln – die Garzeit verändert sich nicht.

Milch-Getreide-Brei. Bereiten Sie zum Beispiel am Abend zwei Portionen Brei zu, geben Sie eine Portion für den nächsten Tag in den Kühlschrank (ohne Obst bzw. Gemüse-Zugabe) und erwärmen Sie diese dann mit ein wenig warmem Wasser.

Für alle kochen – in einem Topf

Seit Monaten will Lotta immer dann gestillt werden, wenn Christian und Katrin am Tisch essen. Jetzt bekommt Lotta ihre Beikost und ihre Eltern haben Hunger. Und an sich schmeckte Lottas Mittagessen auch sehr gut, wenn ...

... es mehr gewürzt wäre, es nicht immer püriert wäre und wenn es nicht immer nur Kartoffeln, sondern auch einmal Nudeln oder Reis gäbe. Die beiden essen auch gerne einmal etwas aus dem Backofen oder kalt. Sie kochen die Basiszutaten für Lottas Essen in dreifacher Menge und bereiten sich daraus etwas zu.

Lottas Mittagessen – für die Eltern aufgepeppt

- **Gemüseauflauf:** Kartoffeln und Gemüse garen, eine Portion für Lotta pürieren. Restliche Kartoffeln und Gemüse in einer Auflaufform schichten, würzen, mit Eiermilch übergießen und mit Käse überbacken.
- **Cremesuppe:** Kartoffeln und Gemüse garen und pürieren. Eine Portion ist für Lotta. Den Rest mit Milch und Sahne aufgießen, mit Kräutern und Gewürzen abschmecken.
- **Minestrone:** 1 kg Rindfleisch mit einen Bund Suppengrün in Wasser kochen, ⅔ davon pürieren und für Lotta einfrieren. Gemüse und Kartoffeln mit der Brühe des Fleisches garen, Lottas Portion pürieren, für die Eltern Nudeln und Tomatenpassata dazugeben, mit Knoblauch und Basilikum abschmecken.
- **Fischauflauf:** Pellkartoffeln und Blattspinat garen. Für Lotta eine Portion pürieren. Für die Eltern den Blattspinat mit Sahne und Gewürzen abschmecken, in eine Auflaufform geben. Vom Lachsfilet

20 g abschneiden und für Lotta dünsten, den Rest auf den Spinat geben, würzen, mit Tomatenscheiben belegen und überbacken.

- **Couscous:** Couscous einweichen, Möhren bissfest garen, eine Portion für Lotta pürieren. Für die Eltern Möhren und Couscous mit gewürfelter gelber Paprika vermischen, mit Öl, Zitronensaft und frischen Kräutern abschmecken, mit Feta und gerösteten Pinienkernen bestreuen.

Lottas Milchbrei – für die Eltern aufgepeppt

- **Milchreis:** Milchreis kochen, für Lotta pürieren, für die Eltern süßen, Apfelmus dazu.
- **Grießflammeri:** Zwei Eier trennen und den Grießbrei kochen. Eine Portion für Lotta. Zum Rest zwei Eigelbe unterrühren, den Eischnee unterziehen, süßen, in eine Auflaufform geben, mit Äpfeln/Pflaumen belegen und backen.

Allergieprävention im ersten Lebensjahr

Ein allergiegefährdetes Kind muss nach den neuesten Erkenntnissen nicht anders ernährt werden als ein nicht allergiegefährdetes Kind. Für beide gilt: Anbieten und schauen, was passiert.

Was ist eine Allergie?

Als Allergie bezeichnet man eine übersteigerte Reaktion des Immunsystems auf Fremdeiweiß, zum Beispiel Nahrungseiweiß, Tierhaare oder Hausstaub. Solch eine allergische Reaktion kann sich schon im ersten Lebensjahr durch Veränderungen an der Haut (Rötungen, trockene Stellen, Juckreiz), Störungen des Magen-Darm-Trakts (dauerhafter Durchfall, Erbrechen) und im schlimmsten Fall sogar durch einen anaphylaktischen Schock zeigen.

Im Wesentlichen sind es drei Faktoren, die bewirken, dass eine Sensibilisierung stattfindet, die zu einer allergischen Reaktion führt:

- der direkte Kontakt mit dem Allergen (z. B. über die Ernährung, Kontakt mit Tierhaaren oder Pollen)
- Passivrauchen und Luftverunreinigungen
- unsere Erbanlagen

Abschätzung des genetischen Allergierisikos. Die Wahrscheinlichkeit, dass Ihr Kind eine Allergie entwickeln wird, wenn weder Vater oder Mutter noch Geschwister eine Allergie haben, liegt bei ca. 20 Prozent. Auf der anderen Seite liegt die Wahrscheinlichkeit, dass Ihr Kind keine Allergie entwickeln wird, obwohl beide Eltern an der gleichen Allergie leiden (das entspricht einem stark erhöhten genetischen Risiko), ebenfalls bei ca. 20 Prozent. Haben ein Geschwisterkind oder ein Elternteil bzw. haben beide Eltern verschiedene Allergien, spricht man von einem erhöhten Risiko. Die Wahrscheinlichkeit dafür, dass Ihr Kind eine Allergie ausbilden wird, liegt dann zwischen 20 und 60 Prozent.

Was können Sie tun?

Das genetische Risiko ist nicht zu umgehen – die anderen Faktoren lassen sich hingegen sehr gut beeinflussen. Hier können Sie aktiv das Allergierisiko Ihres Kindes reduzieren. Einen vollständigen Schutz vor Allergien gibt es nicht, aber durch Einhaltung der Empfehlungen ist es sehr wohl möglich, das Ausmaß der allergischen Reaktionen zu reduzieren und auch den Zeitpunkt des Auftretens nach hinten zu verschieben. Zu diesem Thema gibt es lediglich Leitlinien. Die derzeitig gültige Leitlinie

(S3-Leitlinie zur Allergieprävention 2014) ist jedoch schon sehr stark fundiert und beruht auf dem neuesten Stand der Wissenschaft. Dort wird empfohlen:

- vier Monate ausschließlich stillen (für eine Empfehlung für längeres ausschließliches Stillen fehlen derzeit gesicherte Daten)
- keine restriktive Diät durchführen, während Sie stillen
- in der Stillzeit weder aktiv noch passiv rauchen
- lange begleitend stillen – bis zum ersten Geburtstag
- wenn nicht gestillt wird, HA-Nahrung verwenden
- bei Zwiemilchernährung („Teilstillen") HA-Nahrung verwenden
- ab dem 5. Monat normale Pré-Nahrung verwenden
- die Beikost zwischen dem 5. und 7. Lebensmonat einführen
- das gleiche „Beikostschema" verwenden wie bei nicht allergiegefährdeten Kindern (das Vermeiden oder spätere Einführen allergieauslösender Lebensmittel bietet keinen Schutz vor Allergien, dies kann sich sogar nachteilig auswirken)
- auf die Gabe von Fisch in der Beikost achten, da fetter Fisch einen schützenden Effekt vor der Entwicklung allergischer Erkrankungen hat
- Übergewicht vermeiden (der Zusammenhang zwischen einem erhöhten Body-Maß-Index des Kindes und einem späteren Auftreten von Asthma ist nachgewiesen)
- keine felltragenden Haustiere anschaffen, insbesondere keine Katzen
- Schimmel und feuchte Stellen an den Wänden vermeiden
- lösungsmittelarme Lacke und Farben verwenden
- Wohnungen an stark befahrenen Straßen nur zu verkehrsarmen Zeiten mehrmals kurzzeitig lüften
- im Beisein des Kindes nicht rauchen und auch nicht in Räumen rauchen, in denen sich das Kind aufhält (in Kleidern und in langen offen getragenen Haaren hält sich der Rauch, und das Kind wird dann dennoch dem Rauch ausgesetzt, selbst wenn vor der Tür geraucht wird; vor dem Rauchen die Haare zusammenbinden, nach dem Rauchen das T-Shirt wechseln und die Hände sehr gut mit heißem Wasser und Seife waschen)
- Es spricht nichts dagegen, auch ein allergiegefährdetes Kind nach den Empfehlungen der ständigen Impfkommission impfen zu lassen.

Brei – und was dann?

Die Zeit der Beikost geht dem Ende zu,
das Interesse an „Erwachsenennahrung“ beginnt.

Püriert oder nicht püriert?

Zu groß für Brei, zu klein für Stücke? Die Empfehlung „Ist Ihr Kind zehn Monate alt, kann es am Familientisch teilnehmen“ mag für einige Kinder zutreffen, für die meisten allerdings nicht.

Besonders die Kinder, die die Beikost erst spät für sich entdecken konnten, fangen gerade erst mit zehn Monaten an, diese zu lieben. Machen Sie einfach weiter damit, es spricht nichts dagegen, auch einem 14 Monate alten Kind die Breie aus der Beikostzeit so lange anzubieten, wie es damit zufrieden ist.

Beikost 2.0 – für Breiliebhaber

In den letzten Jahren ist die Bedeutung des Kontakts mit unterschiedlichen Geschmackswelten in den ersten Lebensjahren immer mehr in den Vordergrund getreten. Auch der frühe Kontakt mit möglicherweise allergenen Lebensmitteln, wie Eiern, Nüssen, Fisch, Tomaten, soll von Vorteil sein. Peppen Sie doch einfach die Beikost auf! Verfeinern Sie das Gemüsemus mit einem Löffel Pesto oder geriebenem Parmesan oder garen Sie es in einer Rindfleischbrühe. Tauschen Sie die Kartoffeln gegen Nudeln, Reis, Bulgur, Couscous oder rote Linsen aus.

Mit dem Abendmilchbrei können Sie auch einmal ein oder zwei Datteln mit garen oder zwei Löffel Joghurt unterrühren und den Getreide-Obst-Brei werten Sie mit einem Stück Avocado oder Nussmus auf. Für zwischendurch wechseln Sie die Brotsorten (auch Zwieback oder Knäckebrot).

Es hat auch Vorteile, wenn Ihr Kind die Breie noch lange liebt. So wissen Sie genau, welche Menge Brei in den Bauch Ihres Kindes gelangt ist und dass dort die Nährstoffe zu 100 Prozent aufgenommen werden. Auch bleibt es auf und unter dem Tisch relativ sauber. Für das Trainieren der Mundmuskulatur ist es allerdings unerlässlich, dass Sie Ihrem Kind immer wieder Brot anbieten. So lernt es, etwas abzubeißen/abzuziehen, es von rechts nach links, nach oben und unten im Mund zu bewegen und gegebenenfalls zu schlucken. Alle feinen Muskeln rund um den Mund werden so trainiert, eine wichtige Voraussetzung für die Sprachentwicklung. Mit spätestens 15 Monaten ist jeder noch so eingefahrene Breiliebhaber auch bereit für festere Kost bzw. den Familientisch. Farben und neue Formen werden interessant.

Die Liebhaber von Nichtpüriertem

Manche Kinder, zum Beispiel diejenigen, die sehr früh mit der Beikost begonnen oder sie sogar ganz übersprungen haben, verweigern schon mit neun oder zehn Monaten die breiförmige Konsistenz und wollen nur noch alles in Stücken essen. Auch darauf können Sie eingehen.

In der Regel hat ein Kind in dem Alter nur einen oder zwei Schneidezähne, häufig noch gar keine. Zum Kauen von fester Nahrung braucht man allerdings vier, besser noch acht Backenzähne, damit zwei Zähne von oben auf zwei Zähne von unten treffen und so ein effektives Kauen funktionieren kann. Die meisten Kinder haben in dem Alter einen guten Weg gefunden, die Nahrung auch ohne Zähne zu zerkleinern. Entweder drücken sie sie mit der Zunge gegen den Gaumen, oder sie versuchen, die feste Nahrung mit den Kauleisten zu zerteilen. So kommen sie mit dem Großteil des Nahrungsmittelangebots sehr gut zurecht. Inwieweit Ihr

Kind die Nahrung gut zerkleinert hat, erkennen Sie am „Windelergebnis“! Das heißt: Finden Sie in der Windel ganze Apfel- oder Möhrenstücke wieder, wissen Sie, dass Ihr Kind die Nährstoffe aus diesen Lebensmitteln nicht über den Darm aufgenommen hat. Die größten Probleme hat ein Kind in der Regel mit rohem und bissfest gegartem Gemüse, da dieses sich nicht mit der Zunge am Gaumen zerdrücken lässt. Die Kinder versuchen dann, das zu harte Gemüse mit den Kauleisten zu zerkleinern. Hier besteht dann die Gefahr, dass es wegrutscht und sie sich gegebenenfalls daran verschlucken. Immer wieder werden Sie lesen oder hören, dass Sie das Gemüse für Ihr Kind in diesem Alter nur noch stampfen oder mit der Gabel zerdrücken müssen. Das geht aber nur, wenn es ganz weich gegart ist. Bissfest gegartes Gemüse lässt sich nicht zerdrücken (aber nur bissfest gegartes Gemüse ist vitamin- und ballaststoffreich!). Außerdem kann Ihr Kind das gestampfte Gemüse weder mit der Gabel aufpicken noch mit den Fingern essen.

Übrigens: Kürbis ist aufgrund seines hohen Stärkegehaltes ein ideales Fingerfoodgemüse. Wird es kurz im Backofen gegart, kann Ihr Kind es problemlos im Mund zerkleinern. Bissfest gegartes Gemüse können Sie Ihrem Kind auch anders präsentieren. Kochen Sie Spirelli-Nudeln (an denen bleibt viel Soße kleben) und geben Sie eine pürierte Gemüsesoße dazu, sodass die Soße an den Nudeln klebt. Mit den Nudeln kommt Ihr Kind zurecht, das Gemüse rutscht nebenbei. Auch Backlinge mit geraspeltem Gemüse und Gemüsewaffeln sind in dem Alter ideal. Lauter Gerichte, die Ihr Kind wie ein „Großer“ mit der Gabel aufpicken bzw. als Fingerfood nehmen kann. Alles kann der menschliche Darm allerdings nicht verdauen, wie z. B. die Schale von Tomate oder Paprika oder die Hülsen von Erbsen oder Mais. Wünschenswert wäre es, wenn diese Teile von Tomaten, Paprika, Erbsen und Mais leer in der Windel erschienen. Hat Ihr Kind aber im Moment eine unbändige Lust, bei Ihnen den Mais aus dem Salat zu picken, begrüßen Sie das, Sie werden aber auch schnell merken, dass der Mais 1:1 in der Windel wiederzufinden ist. Das bedeutet, dass die tägliche Gemüseration über das Maispicken nicht gedeckt worden ist.

Worauf kommt es denn an?

Das Fazit für diese Essensphase ist also, dass Sie Ihr Ziel, „das Kind mit allen Nähr-

Verwirrende Kindermenüs aus dem Supermarktregal

Die Industrie bietet für Kinder im Übergang von der Beikost zur Kinderernährung Menüs ab dem achten Monat an. Zum Beispiel Zubereitungen wie Spaghetti bolognese oder Leipziger Allerlei mit Fleisch und Kartoffeln, die zu zwei Dritteln sehr fein püriert sind und zu einem Drittel aus sehr kleinen Stückchen bestehen. Diese Art der Zubereitung verwirrt die meisten Kinder. Sie wissen nicht, was sie zuerst tun sollen: kauen oder direkt schlucken, denn Kinder brauchen eindeutige Signale. Viele spucken also die kleinen Stückchen aus und in der Regel deuten die Eltern dieses Verhalten falsch. Sie meinen, dass Ihr Kind noch nicht mit Stücken zurechtkomme. Doch selbst Erwachsene hätten Schwierigkeiten, diese Gemüse- oder Fleischstückchen zu kauen – man müsste zunächst das Pürierte hinunterschlucken, um überhaupt an die festeren Bestandteile zu gelangen. Niemand macht sich diese Mühe. Und die Stückchen passieren den Magen-Darm-Trakt ungekaut.

stoffen abwechslungsreich und ausgewogen zu versorgen“, mit dem Lernziel Ihres Kindes, „Spaß, Sinneserfahrung oder auch Gewohntes zu genießen“, geschickt vereinigen und beiden Zielen die gleiche Bedeutung zumessen. Es liegt nun an Ihnen, dies optimal umzusetzen. Gehen Sie nur Ihren Zielen nach, dann versorgen Sie vielleicht „am Kind vorbei“, was häufig dazu führt, dass Stress die Mahlzeit bestimmt. Lassen Sie Ihr Kind die Oberhand behalten, wird es bald mit der Situation überfordert und auf der Suche nach Halt und Grenzen sein.

Die Art und Weise, wie ein Kind sich von der Beikost auf die Familienkost umstellt, ist dann unterschiedlich. Einige wenige Kinder beschließen von heute auf morgen, alle Breie abzulehnen. Diese Kinder wollen nur noch Stücke essen. Die meisten Kinder machen dies aber Mahlzeit für Mahlzeit. So wie die Beikost eingeführt worden ist, so schleicht sie sich wieder aus. Einige Kinder wechseln innerhalb einer Mahlzeit, sie essen erst eine halbe Scheibe Brot, um dann, wenn es zu anstrengend geworden ist, noch einen halben Brei zu essen. Auf welche Art

Möhrenschummel

Wenn Ihr Kind noch nicht richtig kauen kann, dünsten oder dämpfen Sie eine Möhre im Ganzen, sodass sie bissfest bleibt und auch ein Kind mit 14 Monaten das Gefühl bekommt, ein ganzes Stück Gemüse essen zu können. Mit der Zeit garen Sie die Möhre immer kürzer. Hier zählen mehr Erziehung und Genuss als die Empfehlung, Rohkost zu essen.
Vorsicht! An Apfelschnitzen und Gurkenscheiben können sich die Kinder verschlucken, da sie diese zwar mit der Kauleiste abbrechen, aber nicht mit der Zunge gegen den Gaumen zerdrücken können! Auf der Kauleiste lässt sich das Apfelstückchen ebenfalls nicht zerkleinern, dort kann es wegrutschen und gegebenenfalls in Richtung Luftröhre „flitschen". Einen ganzen kleinen Apfel wie ein Hamster rund zu essen, funktioniert aber sehr gut.

und Weise Ihr Kind diesen Entwicklungsschritt durchleben wird, wissen Sie nicht, lassen Sie sich überraschen! Alles ist in Ordnung, jedes Kind geht, von Ihnen sanft geführt, seinen eigenen Weg.

Problemlos essen für noch „Zahnlose"

Erst im zweiten Lebensjahr bekommen Kinder die für das Kauen notwendigen Backenzähne. Vorher wollen und dürfen sie sich allerdings schon mit fester Nahrung beschäftigen und sich darüber sättigen.
Einige haben schon einen oder mehrere Schneidezähne, andere beschäftigen sich vorerst mit dem Zahnen, ohne dass ein Zahn zum Vorschein kommt, und lächeln vorerst zahnlos. Schneidezähne erleichtern zwar das Abbeißen, helfen aber nicht beim Zerkleinern der Nahrung. In diesem Alter zerkleinern die Kinder Nahrung entweder auf den Kauleisten oder durch das Drücken der Nahrung gegen den Gaumen. Manchmal führen beide Wege zum Ziel.

Viele Lebensmittel lassen sich auch ohne Backenzähne problemlos zerkleinern.

Alles, was weich ist und/oder bröselt

- Fäustlinge
- Gemüse-Waffeln
- reifes Obst (reife Birnen, Aprikosen, Himbeeren, Erdbeeren, Bananen, Mango, Kiwi, Papaya, Khaki)
- Kartoffeln (als Pell-Kartoffeln oder Backofen-Kartoffeln)
- stärkehaltiges Gemüse (gebackener oder gedämpfter Kürbis, Erbsen)
- Avocado, Stückchen von reifen Tomaten
- Brot, Brötchen (aus 100 Prozent Vollkornmehl, da Weißmehlprodukte aufgrund des hohen Stärkegehaltes in Verbindung mit Speichel klumpen), Zwieback, Nudeln (weich gekocht), Couscous, Kekse, Kuchen, Waffeln, Pfannkuchen, Backlinge
- gedünstetes oder gedämpftes Fischfilet
- zarte Hackfleischbällchen (im Backofen auf dem Blech gegart), feines Hühnerfrikassee
- Weichkäse, Schnittkäse, Hartkäse
- Smoothies oder andere Joghurt-Mix-
- Getränke aus dem Glas oder mit einem dicken Strohhalm

Lottas erster Geburtstag

Lottas erster Geburtstag ist eigentlich ein Fest von Katrin und Christian, aber auch die Großeltern und besonders Oma Susi und alle Onkel und Tanten werden gerne mit anstoßen. Lotta und ihre Freunde spüren die Aufregung.

Königinnenkuchen

Für 1 Kuchen

15 Min. 60 Min. Gehzeit 90 Min. Backzeit

175 ml Hafer- oder Reisdrink • 1 Würfel Hefe • 50 ml Rapsöl • 50 ml Olivenöl • 250 g Quark (20 %) • 200 g Rosinen, gehackt • 500 g Dinkelvollkornmehl

- Den Drink leicht erwärmen und die Hefe darin auflösen. Die restlichen Zutaten dazugeben und 8 Minuten durchkneten.
- Den Teig 60 Minuten gehen lassen, erneut durchkneten und in eine gefettete Guglhupf-Form geben.
- Kuchen in den kalten Backofen stellen und bei 170 °C ca. 90 Min. backen.

Geburtstagswaffeln

Für 6–8 Waffeln

20 Min.

2 Eier • 100 g Butter, weich • 200 g Weizen- oder Dinkelvollkornmehl oder Type 1050 • 100 g Mandeln, gemahlen • 350 ml Mandel- oder Haferdrink • 2 EL brauner Zucker

- Eier trennen, Eigelb mit allen anderen Zutaten zu einem Teig verrühren, Eiweiß zu weichem Eischnee schlagen, unter den Teig ziehen, im Waffeleisen abbacken.

Quark-Sahne-Creme

Für 6–8 Personen
20 Min.

1 große reife Banane • 500 g Magerquark • 100 g Sahne, geschlagen • 200 g Himbeeren, Blaubeeren (frisch oder TK) oder Kirschen (Glas)

Die Banane fein zerdrücken und unter den Quark geben. Die geschlagene Sahne unterziehen, das Obst evtl. waschen und unter die Quark-Sahne-Creme heben.

Saftklümpchen

Roten Obstsaft

- Roten Obstsaft in einer Eiswürfelform einfrieren. Für jedes Kind einen Würfel ins Glas geben und mit Wasser auffüllen.

Alles erlaubt?

Der erste Geburtstag ist vorbei und nun soll alles erlaubt sein? Salziges, Süßes, Fettiges und Hartes? Ja, aber mit Einschränkungen.

Weder die Zahnausstattung noch der Verdauungstrakt lassen eine Ernährung nach Lust und Laune zu. Jetzt ist die Zeit, in der Ernährungserziehung und Ernährungsbildung beginnt.

Essensalltag mit Kindern

Wenn die Beikostphase dem Ende zugeht und das Kind mehr und mehr am Familientisch teilnimmt, haben die meisten Eltern besonders große Angst vor dem Verschlucken. Grundsätzlich gelten hier zwei ganz wichtige Regeln:

- Lassen Sie Ihr Kind niemals in der Bewegung essen, also während es läuft oder krabbelt. Gegessen wird am Tisch, entweder im Hochstuhl oder auf dem Schoß eines Erwachsenen.
- Lassen Sie Ihr Kind niemals allein essen, Sie müssen dabei sein. Auch auf der Rückbank Ihres Autos ist Ihr Kind allein, selbst wenn Sie nur einen Meter entfernt sitzen.

Und eine dritte Regel: Haben Sie Vertrauen zu Ihrem Kind und befolgen Sie die ersten beiden Regeln! Ihr Kind wird es mit der Zeit lernen, mit den Stücken zurechtzukommen, es wird also husten, wenn es sich verschluckt. Eine Vermeidungsstrategie hilft hier nicht weiter. Kleinkinder verschlucken sich und würgen noch häufig, zum einen, weil sie sich gerne den Mund zu voll machen, zum anderen, weil sie noch den vorgelagerten Würgereflex haben, da der Kehlkopf noch hoch steht und somit die Luftröhre sehr nahe an der Speiseröhre liegt.

Vorsicht: Alle Lebensmittel, die den gleichen Durchmesser wie die Luftröhre haben und hart sind, sind erst einmal wegen der möglichen Erstickungsgefahr verboten:

- Erdnüsse
- unreife Johannisbeeren
- unreife, kleine kernlose Trauben
- kleine, harte Gemüsewürfel
- kleine, harte Gummibärchen
- Bonbons

Das Verdauungssystem Ihres Kindes ist zwar schon sehr viel robuster als vor ein paar Monaten, wehrt sich aber noch gegen einige Lebensmittel, besonders, wenn sie in größeren Mengen gegessen werden:

- stark Gebratenes oder Gegrilltes, Frittiertes (kann zu Erbrechen oder Durchfall führen)
- sehr Salziges (die Niere filtriert noch nicht so gut)

Auch die Haut Ihres Kindes reagiert je nachdem empfindlich auf:

- scharfe Gewürze
- säurehaltige Lebensmittel

Das sich noch im Aufbau befindende Immunsystem verträgt nur einwandfreie, hygienisch unbedenkliche Kost, daher gilt:

- Essensreste direkt herunterkühlen und kühl aufbewahren oder entsorgen.
- Lebensmittel mit faulen oder schimmeligen Stellen komplett entsorgen.
- Keinen „nicht wärmebehandelten" Honig geben. Er könnte Botulinumtoxine enthalten, welche bei Kindern unter 1 Jahr zu einer Nervenlähmung führen können.

Überdenken Sie Ihre Vorstellungen

Wie viel Ihr Kind wovon essen sollte, ist die eine Sache; wichtiger hingegen ist, dass Ihr Kind mit Freude isst und mit Spaß die Familienmahlzeit genießt. In der Beratungspraxis erlebe ich täglich Eltern, die vor mir stehen und sich über ihren schlechten und schwierigen Esser mit den Worten beklagen: „Mein Kind hat eine Essstörung." Zwei Strategien für die Lösung dieses Problems lassen sich in der Regel herausarbeiten.

Freuen Sie sich über die Stärken Ihres Kindes. Viele Eltern, Großeltern und Erzieher haben einen viel zu hohen Anspruch an die Menge, die Gleichmäßigkeit und die Zuverlässigkeit, die bzw. mit denen ein Kind essen sollte. Diese Anforderungen sind von vielen Kindern nicht immer zu erfüllen. Kinder essen einmal mehr, einmal weniger und manchmal sogar gar nicht! In der Beratung wird mir von den Eltern erst einmal aufgezählt, was ihr Kind nicht isst. Wenn ich sie dann frage: „Was isst Ihr Kind denn?", stelle ich immer wieder fest, dass dieses Kind aus jeder Lebensmittelgruppe mindestens ein Element isst – ein toller Anfang! Also ist nicht jedes Verhalten eines Kindes, das nicht in die Vorstellung der Erwachsenen passt, gleich eine Störung. Und wer nicht gleich hinter jeder vermeintlichen Störung ein Defizit vermutet, wird öfter auch auf Stärken stoßen. Sie wissen doch: Kinder verhalten sich erwartungsgemäß. Ist ein Kind erst einmal als schlechter und schwieriger Esser „abgestempelt", wird es viel Energie aufwenden müssen, um die Erwachsenen vom Gegenteil zu überzeugen.

Von Anfang an auf dem richtigen Weg. Möglicherweise fehlte in der Geschmacksentwicklung des Kindes der „rote Faden". Stimmt die Ernährung in Schwangerschaft und Stillzeit und in der Beikost mit dem, was jetzt auf dem Teller liegt, überein? Das bedeutet zum einen, Ihr Kind konnte sich bereits durchgängig an diese Kost gewöhnen, zum anderen leben Sie Ihrem Kind das vor, was Sie sich von ihm wünschen. Dann gibt es in der Regel überhaupt keine Probleme.

Hat ein Kind in der Schwangerschaft aber nur Fast Food „genossen" und in der Beikostzeit ausschließlich industrielle, geschmacklich standardisierte Nahrung, dann wird es sich schwertun mit dem selbst gekochten Mittagessen, welches manchmal sogar speziell für das Kind zubereitet wurde.

Neues entdecken

Was brauchen Kinder, um Freude, Offenheit und Neugierde gegenüber dem Essen zu entwickeln?

Sie brauchen freundliche Erwachsene,

- die sie zum Probieren animieren und die die Ablehnung akzeptieren. Heute sollte kein Kind zum Essen gezwungen, auch nicht erpresst werden. Ein Kind zum Essen zu zwingen, heißt Druck auszuüben, dieses bewirkt in der Regel nur Gegendruck. Wie auch schon in der Beikost gilt auch hier die Regel: Sie bestimmen, wann, was und wie etwas auf den Tisch kommt, Ihr Kind bestimmt, ob und wie viel es davon gerne essen möchte.
- die Klarheit und Transparenz schaffen und stimmig in sich selbst sind. Leben Sie jeden Tag Freude, Offenheit und Neugierde dem gesunden Essen gegenüber – mit Ihrem Kind! Zeigen Sie Ihrem Kind, wie Sie an ein neues Lebensmittel herangehen, und tun Sie dies mit allen Sinnen, so lernt Ihr Kind, wie es geht. Zeigen Sie dies auch mit Lebensmitteln, die Sie bereits kennen, und denken Sie daran, dass Ihr Kind mit seinen Sinnen und weniger mit dem Verstand daran herangeht.
- die auch für den Versuch loben. Der Blick auf den Brokkoli, das Riechen am Käse, das Zerpflücken des Fisches sind alles aktive Kontaktaufnahmen mit Lebensmitteln und führen, wenn das Kind gelobt und unterstützt wird, irgendwann zum Erfolg und vielleicht sogar zu einer Lieblingsspeise. Übrigens: Jedes Kind hat ein grundlegendes Bedürfnis, von seinen Eltern bestärkt und ermutigt zu werden, so wie es generell respektvoll angenommen und behandelt zu werden verdient.

Sie brauchen Spaß und Spiel,

- denn Kinder sind in den ersten Lebensjahren polysensorisch, sie erfahren das Leben über alle Sinne. Kleinkinder brauchen bis zu zehn Kontakte mit einem Lebensmittel, bis sie sich dafür entscheiden. Diese Kontakte sind Riechkontakte, Fühlkontakte, Hörkontakte, Sichtkontakte – der Geschmackskontakt ist der allerletzte. Und fällt dieser positiv aus, läuft das Gewöhnungsprogramm an, das heißt, das sensorische Gedächtnis hat die jeweils neuen Sinneseindrücke gespeichert und für gut befunden.
- denn lustvolles Spielen mit dem Essen beschleunigt das Gewöhnungsprogramm. Das Spielen mit dem Essen ist

aber erlaubt und die Grenze zwischen dem lustvollen, sensorischen Spiel und einem destruktiven Matschen ziehen Sie! Diese Grenze darf durchaus von Mahlzeit zu Mahlzeit variieren, also in Abhängigkeit von Ihrer momentanen Toleranz gesetzt werden, sollte aber während einer Mahlzeit dem Kind eindeutig und unmissverständlich klargemacht werden.

Sie brauchen Zeit und Raum für Entwicklung,

- denn Essensvorlieben sind dem Menschen zwar nicht angeboren, aber seit der Schwangerschaft ist die Entwicklung des Geschmackssinns, die Geschmacksprägung schon in Gang. Als Allesfresser stehen wir Menschen immer wieder vor dem Problem der Auswahl. So müssen wir im Laufe unseres Lebens lernen, das zu mögen, was uns bekommt, und zu meiden, was uns nicht bekommt. Also Pommes frites oder Pellkartoffel, Burger oder Bratling? Eine schwierige Entscheidung, die wir von unseren Kindern oftmals verlangen, obwohl wir sie selbst nicht immer eindeutig korrekt treffen. Ich bin mir sehr sicher, dass auch Sie schnell fünf Lebensmittel oder Gerichte benennen können, die Sie als Kind nicht mochten, heute aber sehr schätzen. Geben Sie Ihrem Kind also Zeit.
- denn Kinder bewerten das Lebensmittelangebot in den ersten Jahren nach seiner Sicherheit und seinem Überlebenswert. Diese Haltung ist evolutionsgeschichtlich sehr tief verankert und hat dafür gesorgt, dass es uns überhaupt gibt. Kinder lieben alles, was süß ist, damit haben sie in den ersten Monaten eine gute Erfahrung gemacht und süß steht auch immer für Reife, Unverdorbenheit und Ungiftigkeit. Der Magen eines Kindes ist sehr klein, der Bedarf an Energie allerdings sehr groß. So sind Kinder in den ersten Lebensjahren, in der Zeit, in der das Gehirnwachstum jeden Tag gesichert sein muss, angewiesen auf energiedichte, also fette bzw. kohlenhydratreiche Lebensmittel. Der kritische Blick Ihres Kindes auf das Gemüse ist nicht als Trotz gegen Sie zu verstehen, sondern als Vorsichtsmaßnahme. Gemüse ist in der Regel nicht süß und enthält sehr wenig Energie – kombinieren Sie Gemüse immer mit Kartoffeln, Getreide, Fleisch oder Fisch, dann hat Ihr Kind auch das Gefühl, satt zu werden.
- und sie lieben es, diese Entwicklung in den ersten Jahren im Schutz der Eltern zu machen. Sicherlich ist das Sitzen im

Hochstuhl am Familientisch für jedes Kind erst einmal ein tolles Gefühl, der eigene Teller, die eigene Gabel, das eigene Glas. Alles scheint optimal, wenn da nicht noch diese Unsicherheit wäre: „Habe ich auf meinem Teller das Gleiche wie meine Eltern, ist das genauso gut?" Viele Kinder essen deswegen am allerbesten, wenn sie auf dem Schoß eines Elternteils vom Teller der Erwachsenen mitessen können – ganz nach dem Motto „Was da bei meinen Eltern auf dem Teller liegt, wird wohl besonders gut sein".

Regeln gehören dazu

Kinder brauchen Regeln, die sich verändern, also immer wieder neu aufgestellt werden, sodass sie optimal an den Entwicklungsstand des Kindes und das Kommunikationsvermögen angepasst sind. In den ersten Jahren gelten die Regeln vor allem für Sie, und indem Sie sie leben, lernt Ihr Kind diese Regeln auch. Später gelten die Regeln in der Familie für alle und werden auch gemeinsam aufgestellt. Gemeinsames Handeln ist eines der wichtigsten Zeichen dafür, dass eine Familie funktioniert. Die Regeln sind:

- **Regelmäßige Essenszeiten.** Ihr Kind erfährt seinen Tagesablauf vor allem über die Mahlzeiten. Es kann zwar noch nicht die Uhr lesen (deswegen ist es auch egal, wenn Sie die Uhrzeit variieren, wichtiger ist, dass in regelmäßigen Abständen einen Mahlzeit angeboten wird), ist aber durchaus in der Lage, Frühstück, Mittagessen und Abendessen mit bestimmten Handlungen, die entweder davor oder danach stattfinden, in Verbindung zu bringen. So vermitteln Sie über Rhythmen und Rituale enorme Sicherheit. Ein kleiner Kindermagen muss regelmäßig gefüllt werden, vier bis fünf Mahlzeiten sind empfehlenswert (drei Hauptmahlzeiten, ein bis zwei Zwischenmahlzeiten). Achtung: Jede Mahlzeit hat einen Anfang und ein Ende. Lassen Sie Ihr Kind nicht daueressen, egal wie schlank es ist. Das ist wichtig für die Zahngesundheit, den Stoffwechsel, das sich entwickelnde Hungergefühl und nicht zuletzt für das Spielen, das nur dann gut und konzentriert funktioniert, wenn beide Hände frei sind und nicht immer nach den „Keksen" greifen müssen.
- **Gemeinsame Mahlzeiten** in guter Atmosphäre. Niemand mag gerne alleine essen, denn Essen ist mehr als Nahrungs-

aufnahme, gemeinsames Essen heißt auch Kommunikation. Je öfter Sie es organisiert bekommen, als Eltern zusammen mit Ihrem Kind zu essen, umso besser ist das. Doch auch ein Elternteil und ein Kind sind eine Familie. Für die gute Atmosphäre sind Sie allein verantwortlich. Telefon, Handy, Fernseher und Radio sollten ausgeschaltet sein, der Tisch schön gedeckt und frei von den Dingen, die Sie für die Mahlzeit nicht brauchen. Ein guter Duft in der Nase, eine Blume oder Kerze auf dem Tisch im Blick, vertraute Personen in der Nähe führen zu positiven Emotionen in Verbindung mit dem gemeinsamen Essen. Und positive Emotionen sind die besten Lernverstärker. Denken Sie an das „Gewöhnungsprogramm".

Wie groß ist eine Portion?

Richtwert für die Größe einer Portion ist je nach Lebensmittelgruppe die Hand Ihres Kindes, entweder eine Hand oder beide Hände – zu einer Schale geformt – oder eine ausgestreckte Hand. Ihr Kind wächst, die Hand wird größer und somit auch die Größe der Portion.

- **Ein Essen für alle**, denn Sie sind eine Essensgemeinschaft. Bekommt das Kind ein Extraessen (z. B. spezielle Kinderlebensmittel), steht es im Mittelpunkt und derjenige, der im Mittelpunkt steht, gehört nicht zur Gemeinschaft.
- **Hunger** ist der beste Koch, denn er macht neugierig und mutig und ist somit der beste Motor für das Essen. Wer aber den ganzen Tag immer etwas isst, auch wenn es die „guten Sachen" wie Apfelschnitze und Dinkelstangen sind, kann es sich bei den Mahlzeiten leisten, wählerisch zu sein und auch nicht zu essen, denn bald gibt es ja wieder etwas.
- **Abgestimmtes Portionieren.** Üben Sie mit Ihrem Kind von Anfang an, gemeinsam zu portionieren. Es braucht viel Zeit und damit Erfahrung, bis ein Kind weiß, wie viel Nahrung es braucht, um sich zu sättigen. Ein von Ihnen schon fertig portionierter Teller überfordert es sehr schnell.
- **Tischmanieren** – jeder so gut er kann. Im Moment sind Messer, Gabel und Löffel zwar sehr interessant für Ihr Kind, schließlich essen Sie ja auch damit, aber mit den Händen lässt sich das Essen einfach besser entdecken. So passiert es nicht selten, dass Ihr Kind das Kartoffelstückchen sehr stolz aufpickt, um es dann mit der Hand von der Gabel abzu-

nehmen und in den Mund zu stecken. Immer öfter, je vertrauter die Nahrung ist, und je besser die Hand-Mund-Koordination ist, wird Ihr Kind auch direkt von der Gabel essen. Das Essen mit dem Löffel ist noch schwieriger als das Essen mit der Gabel. Es fordert nicht nur eine gute – auch visuell kontrollierte – Hand-Mund-Koordination, sondern auch das kontinuierliche Waagerechthalten des Löffels und dann auch noch das Drehen des Löffels zum Mund hin. Kinder lieben es, den Mund brechend voll zu machen. Das ist ein vertrautes Lustgefühl aus der Stillzeit, auch wenn sie sich dabei manch einmal verschlucken, wiederholen sie es immer wieder. An dieser Stelle ist Ihre Vorbildfunktion gefragt. Da Kinder die größten Nachmacher sind, haben Sie in puncto Tischmanieren eine enorme Chance, aber auch seien Sie auch sehr geduldig mit Ihrem Kind.

- **Abwechslungsreiches Angebot.** Mit einem abwechslungsreichen Angebot geben Sie Ihrem Kind immer wieder neue Impulse. Über Farbe, Form, Konsistenz und Geruch fördern Sie über das Essen die Wahrnehmung Ihres Kindes. Achten Sie aber darauf, immer auch eine vertraute Komponente anzubieten, wenn Sie Neues ausprobieren, dies gibt Ihrem Kind ein Gefühl der Sicherheit, auch die Sicherheit, satt zu werden, und macht Mut, das Neue auszuprobieren.

Tagesplan für Ihr Kind und Sie

Getränke – zum Durstlöschen:

Wie viel: 6 Portionen pro Tag. Hier ist das Glas (eine Portion) so groß, dass Ihr Kind es spielend in einer Hand halten kann. Für ein einjähriges Kind fasst das Glas dann 50–100 ml.

Was: Leitungs- und Mineralwasser mit und ohne Kohlensäure; Kräuter- oder Früchtetees, ungesüßt und nicht aromatisiert, selten Fruchtsaftschorlen zum Essen.

Gemüse und Obst – reichlich essen:

Wie viel: 5 Portionen pro Tag; 3 Portionen Gemüse, z. B. ¼ Paprika, zwei Hände zur Schale geformt mit Brokkoli und drei Kirschtomaten; 2 Portionen Obst, z. B. ein halber kleiner Apfel und zwei zur Schale gehaltene Hände mit Trauben.

Was: Jedes Gemüse und Obst ist empfehlenswert. Es sollte frisch, reif, saisonal, regional und möglichst aus kontrolliert biologischem Anbau sein. Obst immer roh (Ausnahme Kompott für Desserts); Gemüse zur Hälfte schonend gegart, zur Hälfte roh. Einmal pro Woche Hülsenfrüchte.

Brot, Flocken, Nudeln, Getreide, Kartoffeln zum Sattessen

Wie viel: 4 Portionen pro Tag; eine Portion Brot ist so groß wie die Handfläche; eine Portion Flocken, Nudeln, Getreide oder Kartoffeln passt in zwei zur Schale geformte Hände.

Was: 100 Prozent Vollkornbrot bzw. Brötchen (Hefe- oder Sauerteig-Brot), fein gemahlen mit Kruste, Vollkornflocken (Hafer, Dinkel oder Weizen) ungesüßt, Couscous, Bulgur, Polenta, Vollkornreis, Vollkornnudeln, Kartoffeln (Pell-, Ofenkartoffeln, Kartoffelpüree), rote Linsen.

Milch und Milchprodukte maßvoll genießen

Wie viel: 3 Portionen pro Tag; ein Glas (100 ml), ein Becher Joghurt (150 g), eine Scheibe Käse (30 g). Diese Menge steigert sich auf max. 300–400 ml Milch und gilt für das ganze Leben!

Was: Vollmilch (3,5–3,8 % Fettgehalt), pasteurisierte Milch, ggf. ESL-Milch, Naturjoghurt ungesüßt, 3,5 % Fettgehalt bzw. Magerquark, Hart- oder Schnitt- oder Weichkäse, naturbelassen. Joghurt und Dickmilch ersetzen die Milch im Verhältnis 1:1 und 100 ml Milch lassen sich gegen 10 g Parmesan, 15 g Schnitt- oder 30 g Weichkäse austauschen.

Fleisch/Fisch und Eier maßvoll genießen

Wie viel: 2 Portionen Fleisch, 1 Portion Fisch, 1–2 Eier pro Woche, eine halbe Scheibe Wurst pro Tag (die Scheibe Wurst an der Fleischtheke zählt mit!). Eine Portion Fleisch und Fisch hat die Größe des kindlichen Handtellers, bei Einjährigen sind das ca. 40 g.

Was: mageres Fleisch, Rind, Geflügel. Magere Wurst, Schinken ohne Fettrand, Bratenaufschnitt. Hochseefisch, Seelachs, Kabeljau, Hering, Lachs aus Bio-Aquakultur, Bio-Eier.

Fett sparsam genießen

Wie viel: 2 EL pro Tag

Was: 1 EL Butter als Streichfett und 1 EL kalt gepresstes, unraffiniertes Pflanzenöl (Raps- und Olivenöl) zu Salaten und über Nudeln/Gemüse gegeben.

Süßes sparsam genießen

Wie viel: 1 Portion

Was: Vollkornkekse, Kuchen, Eis, Quarkspeise, Trockenfrüchte. Saisonale Süßigkeiten zu Karneval, Ostern und Weihnachten sparsam geben. Tipp: Wenn Sie es schaffen, alle Milchprodukte und Getränke ungesüßt zu lassen, dann steht dem täglichen gemeinsamen Genuss einer guten Süßigkeit nichts entgegen.

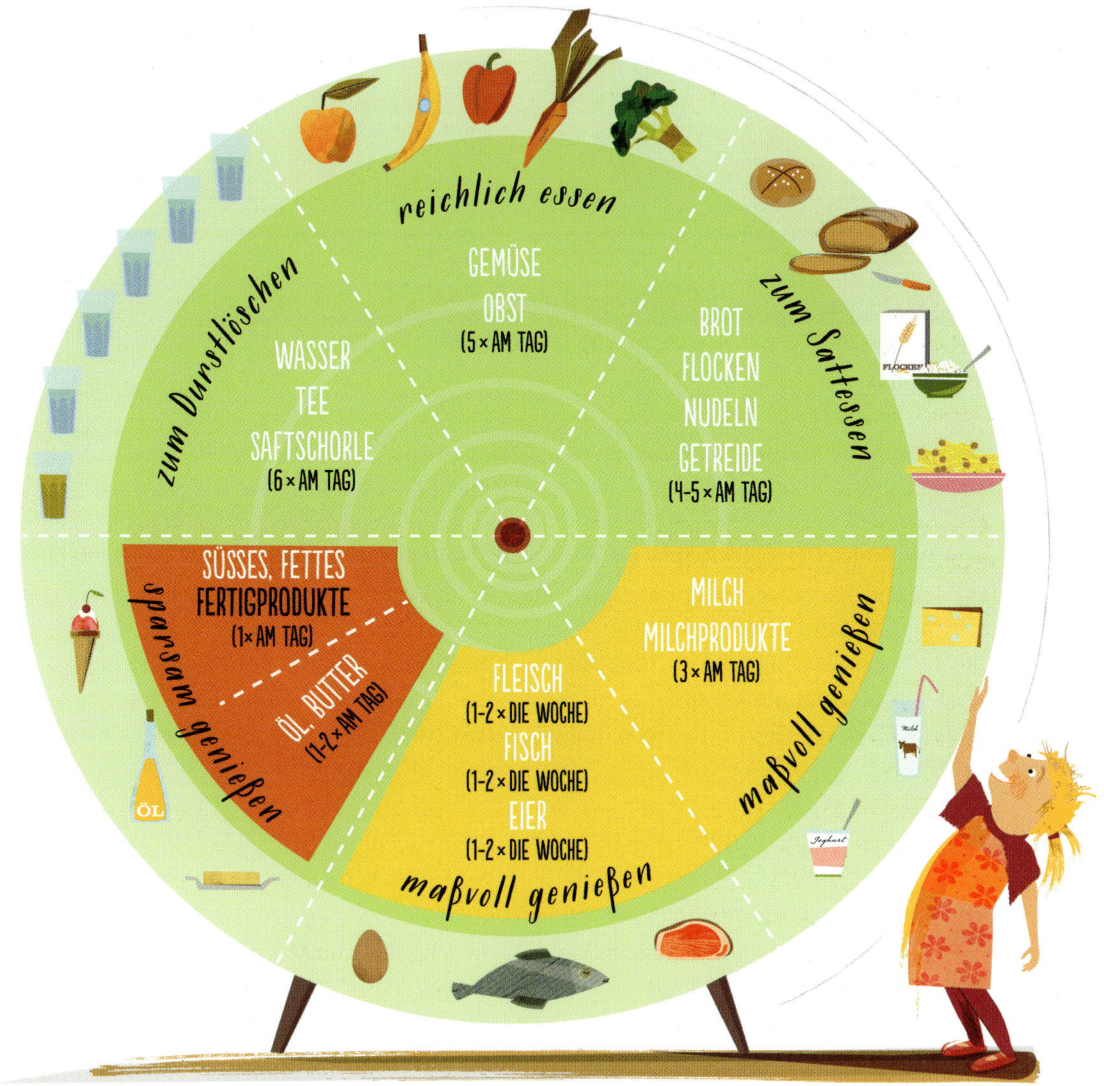
reichlich essen
GEMÜSE
OBST
(5 × AM TAG)
zum Durstlöschen
WASSER
TEE
SAFTSCHORLE
(6 × AM TAG)
zum Sattessen
BROT
FLOCKEN
NUDELN
GETREIDE
(4-5 × AM TAG)
FLOCKEN
sparsam genießen
SÜSSES, FETTES
FERTIGPRODUKTE
(1 × AM TAG)
ÖL, BUTTER
(1-2 × AM TAG)
ÖL
maßvoll genießen
MILCH
MILCHPRODUKTE
(3 × AM TAG)
Milch
Joghurt
maßvoll genießen
FLEISCH
(1-2 × DIE WOCHE)
FISCH
(1-2 × DIE WOCHE)
EIER
(1-2 × DIE WOCHE)

Alle essen aus einem Topf

Lottas Beikostzeit ist vorbei und die drei freuen sich, nun fast alles gemeinsam essen zu können. Die Eltern bemühen sich aber, Lotta nicht zu überfordern, und passen sich gerne an ihre Bedürfnisse an.

Lotta kann die Breie nicht mehr sehen. Der Kinderarzt ist auch damit einverstanden, dass Lottas Beikostzeit nun vorbei ist und sie fast alles essen darf, was Katrin und Christian essen. Sie merken schnell, dass Lotta die gleichen Gerichte mag wie Katrin. Mit einem guten Rezeptbuch zur Familienküche geht es los.

Frühstück: Milch oder Milch-Getreide-Brei – was nun? Lotta wird um 6 Uhr noch gemütlich gestillt. Nach einem kleinen Schläfchen isst sie eine Scheibe Vollkornbrot mit Belag, den sie, Katrin oder Christian wählt, einen halben Apfel und trinkt etwas Tee dazu. Katrin liebt Quark mit Fruchtaufstrich, Christian Käse oder Schinken und Lotta hat eine Vorliebe für Mandelmus oder zerknetete Avocado. Jeden zweiten Morgen gibt es für alle einen Milchshake. Wenn Lotta nicht mehr gestillt wird, bekommt sie ein Glas Milch.

Vormittags-Zwischenmahlzeit: Getreide-Obst-Brei – was nun? Die andere Hälfte des Frühstücksapfels liegt ja noch im Kühlschrank. Dazu gibt es einen Vollkornzwieback oder eine Scheibe Vollkornknäckebrot oder ein Vollkorn-Rosinen-Brötchen, einfach so oder mit Butter oder Mandelmus.

Wenn Lotta morgens nicht so viel Milch getrunken hat, dann isst sie auch gerne ein Müsli. Einfach nur feine Haferflocken mit Milch oder Joghurt und fein geschnittenen Obst und ein paar Rosinen.

Mittagessen: Gemüsemus – was nun? Frischkost aus Möhre, Kohlrabi, Tomaten etc., fein und lottagerecht geraspelt oder am Stück. Blattsalat geht erst in ein paar Jahren gut. Lotta isst die Frischkost sehr gerne mit den Fingern aus der Espressotasse.

Polentaschnitten mit Tomatensoße oder Rührei mit Spinat und Kartoffelpüree oder Kartoffeln und Möhren durcheinander mit Hackbällchen oder Möhrenwaffeln mit Kräuterquark oder ein Fisch-Kartoffel-Auflauf oder Currylinsen – etwas, das alle drei mögen. Rapsöl nicht vergessen!

Nachmittags-Zwischenmahlzeit: Getreide-Obst-Brei – was nun? Naturjoghurt mit frischem Obst und evtl. ein paar Flocken, Milchreis mit Obst oder im Sommer ein Eis, im Winter Apfelkuchen oder Waffeln.

Abendessen: Milch-Getreide-Brei – was nun? Vollkornbrot mit Käse/Aufschnitt, Kirschtomaten oder Gurkenscheiben und ein kleines Glas Milch oder eine pürierte Gemüsesuppe. Und wenn Lotta ganz müde ist, gibt es Nudeln mit Öl und Parmesan.

Stichwortverzeichnis

Rezepte

Bibliografische Information der Deutschen Nationalbibliothek
Die Deutsche Nationalbibliothek verzeichnet diese Publikation in der Deutschen Nationalbibliografie; detaillierte bibliografische Daten sind im Internet über http://dnb.d-nb.de abrufbar.

Programmplanung: Uta Spieldiener
Redaktion: Dr. Sabine Klonk, Stuttgart
Bildredaktion: Christoph Frick
Covergestaltung und Layout:
Dominique Loenicker, Stuttgart

Bildnachweis:
Cover-Illustration: Daniela Sonntag, Stuttgart
Illustrationen: Daniela Sonntag, Stuttgart

2. Auflage 2017

Printed in Germany

Satz und Repro: Reemers Publishing Services GmbH
Gesetzt in Adobe InDesign CC 2017
Druck: AZ Druck und Datentechnik GmbH, Kempten

Gedruckt auf chlorfrei gebleichtem Papier

ISBN 978-3-432-10493-5

Auch erhältlich als E-Book:
eISBN (ePub) 978-3-432-10495-9
eISBN (PDF) 978-3-432-10494-2

1 2 3 4 5 6

Ihre persönlichen Rezept-karten zum Heraustrennen

Auf den folgenden Seiten finden Sie noch einmal die vier Grundrezepte und den Beikostfahrplan – ganz praktisch zum Heraustrennen. Pinnen Sie die Karten einfach an Ihren Kühlschrank und Sie haben die Rezepte auf einen Blick parat. Unterwegs und auf Reisen eignen sich die Karten außerdem auch prima als kleine Spickzettel.

BEIKOSTFAHRPLAN

	Beikostmahlzeiten	Tageszeit	Milch-mahlzeiten*
1. STEP	GEMÜSEMUS Gemüse Kartoffel Mus 	Zwischen 2 Mahlzeiten	ca. 5
	GEMÜSE-KARTOFFEL-MUS Fleisch oder Fisch oder Haferflocken 	Mittags	ca. 4
2. STEP	OBST-GETREIDE-BREI 	Vormittags oder Nachmittags	ca. 3
3. STEP	 Milch-GETREIDE-BREI 	Morgens oder Abends	ca. 2
4. STEP	BROT mit Milch 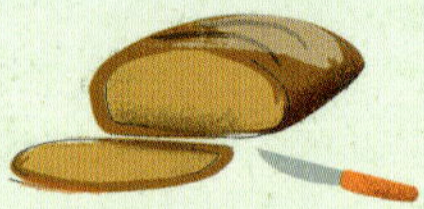	Morgens oder Abends	ca. 1
5. STEP	 OBST am Stück	Vormittags oder Nachmittags	ca. 1–0

* Muttermilch oder Pré-Milch

HAFER
ÖL
ZUTATEN:
100g Gemüse
50g KARTOFFELN
1 EL Haferflocken
oder rote Linsen
1 EL ÖL
8 MIN
Vegetarischer
BREI

ZUTATEN:
100g Gemüse
50g KARTOFFELN
20g Fisch o. Fleisch
1 El Öl
ODER
ÖL
GEMÜSE-
KARTOFFEL-MUS
& Fisch/Fleisch
8 MIN

ZUTATEN:
1 TL ÖL
100–150g Obst
50 ml
Wasser
1 El Haferflocken
HAFER
OBST-
Getreide-Brei